LA NATURE AU CŒUR

—

POUR UN MONDE MEILLEUR

GÉRARD BERTRAND

LA NATURE AU CŒUR

—

POUR UN MONDE MEILLEUR

ALBIN MICHEL

MERCI, c'est le début du partage, une marque de respect, l'élan du cœur entre les gens et la gratitude envers notre planète, qui nous accueille avec tant de générosité.

Merci, c'est aussi prendre des leçons, sans vouloir en donner, et avoir l'humilité de comprendre que nous sommes là car la nature nous a engendrés.

Merci pour l'eau que nous buvons, l'air que nous respirons, le soleil qui nous réchauffe et la biodiversité qui nourrit les êtres vivants.

Merci à celles et ceux qui sont prêts à changer sans vouloir tout changer.

À ma famille, à mes compagnons de route et à tous les êtres humains qui ont la nature au cœur.

AVANT-PROPOS

Le monde actuel est passionnant, enthousiasmant, mais aussi effrayant et inquiétant.

Nous sommes au paroxysme de la force et de la fragilité et vivons à la vitesse de l'information, des fréquences et des quanta.

Internet a supprimé les distances et organise une société nouvelle, qui chamboule notre art de vivre séculaire.

La crise de la Covid-19 a engendré une pandémie dramatique d'envergure mondiale et créé paradoxalement une respiration inespérée pour tous ceux et celles qui vivaient à un rythme effréné. L'urgence sanitaire a rapidement déclenché des problèmes économiques et financiers d'une ampleur inégalée.

J'ai souhaité rassembler toutes les pièces de mon expérience personnelle et professionnelle afin de témoigner à cœur ouvert sur le monde d'aujourd'hui, au prisme de mes convictions et de mon chemin de vie.

Pendant les quarante dernières années, je me suis enrichi de l'esprit de compétition lié à la pratique du rugby à haut niveau en expérimentant les valeurs du partage et du dépassement de soi. Au niveau viticole, j'ai été initié par mes parents et inspiré par la vision de mon père, Georges, pour ses terres du Languedoc. L'exigence sur la mise en pratique de ses fulgurances en matière d'assemblages de vins m'a guidé vers l'excellence et le souci des mille et un détails.

Des rencontres décisives durant cette période ont été le terreau fertile de mon épanouissement. J'ai aussi ressenti le sens, parfois caché, des choses en prenant les épreuves comme des bénédictions pour aller plus loin.

Ma conscience pour la nature s'est éveillée et mon élan en faveur de la biodiversité s'est activé après avoir éprouvé les bienfaits de l'homéopathie sur ma santé, puis lu les cours aux agriculteurs de Rudolf Steiner.

Se mettre à nu requiert audace, exigence et honnêteté. Je le fais ici au service d'une cause et d'un élan qui me dépassent et transcendent mon existence.

Mon attachement à des valeurs fondamentales, comme la fraternité, l'amour du prochain, la bienveillance et le respect de la nature, s'ajoute à mon besoin viscéral de créer, d'innover et d'explorer de nouvelles voies. Cela stimule mon esprit et renforce ma volonté.

Cet ouvrage propose donc une organisation de la pensée différente, généreuse et philanthrope, reposant sur cinq piliers : l'ouverture de conscience, la transcendance, la libération des sentiments, le soin à prendre de la Terre, ainsi que les défis et les enjeux pour un nouvel humanisme. Le début du troisième millénaire ouvre le champ de tous les possibles et demande une ascèse et une réflexion profonde et disruptive pour une humanité en recherche de repères.

L'homme et la femme d'aujourd'hui font face à des défis inédits afin de transitionner vers une période novatrice, inévitablement différente du XXe siècle. Prendre les bonnes décisions demande du courage individuel et politique et un élan du cœur stimulant la générosité et l'altruisme. Les organisations collectives au niveau mondial, continental, national, régional ou local nécessitent un engagement militant et sincère afin de débattre de l'intérêt et des priorités à venir. Rien ne sera possible et durable sans une ouverture de conscience globale de l'humanité.

L'urgence n'est pas un repère démocratique fiable et rassurant. L'homme moderne a acquis suffisamment d'expérience et vaincu bien assez de crises et de catastrophes pour éviter de se précipiter sans discernement vers des modèles dépourvus de compassion et de lien social. La spiritualité, l'harmonie avec la nature, l'équilibre personnel et sociétal permettront l'avènement d'une ère plus lumineuse pour tous. Les angoisses collectives et individuelles, l'anxiété, amplifiées par cette crise mondiale, ne doivent en rien sacrifier notre force vitale sur l'autel du conformisme et de la standardisation. Vaincre la peur exige une volonté favorisant la confiance, la liberté des sentiments et des idées.

Notre engagement pour l'agriculture biologique et biodynamique nous a permis d'expérimenter à grande échelle la pertinence de ce modèle, en particulier pour le monde viticole.

Prendre soin de la Terre est devenu une priorité. Cela exige des décisions courageuses et une approche innovante au service de la planète. Le climat, les océans, les forêts, mais aussi les pollinisateurs, les sols et les espèces vivantes souffrent des activités humaines. La biodiversité décroît fortement et les dérégulations menacent la vie sur Terre dans une indifférence quasi générale. L'écologie est un acte citoyen qui demande une ouverture d'esprit empreinte de lucidité et des alliances transnationales au service du vivant car la pollution et le réchauffement climatique ne connaissent pas de frontières.

Notre engagement pour l'agriculture biologique et biodynamique nous a permis d'expérimenter à grande échelle la pertinence de ce modèle, en particulier pour le monde viticole. Un terroir vivant fortifie le végétal et permet une meilleure captation des forces de vie, qui viennent du soleil et des planètes.

La recherche et la science ont inventé de nouvelles voies et permis de sortir de l'obscurantisme tout en développant une technologie ouvrant la porte au transhumanisme qui prône l'usage de la technique pour améliorer les capacités physiques et mentales des êtres humains.

L'humanité fait ici preuve d'arrogance et de suffisance. Si l'on mesurait la présence humaine sur terre à l'échelle d'une année, on serait surpris d'apprendre que nous n'y sommes que depuis vingt-huit secondes.

Selon que l'on soit croyant ou agnostique, la main de Dieu ou l'évolution naturelle sont responsables de notre présence ici-bas et nous donnent la possibilité de contrôler cette planète. Jusqu'à la révolution industrielle au milieu du XVIIIe siècle, l'homme était sédentaire et lié à la nature. Il y a eu une lente évolution pendant deux cent mille ans, puis une frénésie de créativité jusqu'à ce jour. Nous vivons une période excitante de l'histoire, donnant à chacun la possibilité de prendre le contrôle de sa vie et de s'inventer un avenir, à l'exception des pays où la dictature des idées et du pouvoir contrarie encore cet élan. Nous sommes dans un monde hyperconnecté où les conditions, la durée et la qualité de la vie ont été grandement améliorées. Dans les pays dits civilisés, l'art de vivre et l'hédonisme mais aussi le nombrilisme et l'égoïsme sont devenus les repères de cette nouvelle société de consommation.

Notre écosystème est en surchauffe ; les lanceurs d'alerte de tout bord nous interpellent et nous implorent de respecter la Pachamama, ainsi que la vénèrent les peuples andins.

L'humanité, comme frappée de myopie, fonce droit vers une catastrophe annoncée par les changements climatiques, les incendies, la démographie galopante, la concentration des hommes et des femmes dans les mégalopoles déshumanisées. Depuis l'Australopithèque il y a plus de quatre millions d'années, en passant par l'*Homo habilis*, l'*Homo erectus*, l'homme de Néandertal et l'*Homo sapiens*, l'évolution des espèces a progressivement développé le genre humain, lui permettant de se redresser et de développer ses capacités intellectuelles et cognitives.

Par l'usage intensif de nos téléphones mobiles, sans que nous nous en apercevions, notre posture corporelle s'est inclinée de vingt degrés.

L'intelligence artificielle, les communications numériques, et bien d'autres artefacts, sont les moyens de l'économie actuelle. Il faudra les utiliser au service du bien et ne pas déborder sur les libertés individuelles chèrement acquises par nos ancêtres, car il n'y a pas d'amour sans liberté.

Le progrès est essentiel à notre condition humaine pour améliorer nos vies, mais il doit aussi prendre en considération, plus globalement, le respect des générations futures afin de préserver les bases de notre vie et de garantir la qualité de l'air, de l'eau, des sols et des richesses de la planète, qui ne sont pas infinies.

L'ultralibéralisme, la compétition mondiale et l'innovation stimulent le développement de l'information et des technologies. L'alliance des trois menace la stabilité de millions d'emplois. Le *big data* est devenu le *big deal* du siècle.

La croissance a du sens, permettant à chacun de s'accomplir et de réaliser des projets, mais elle doit aussi être utile, orientée vers le bien de tous, respectueuse de l'environnement terrestre et cosmique.

C'est une priorité, car il n'y a pas de plan B. Nous devons réparer les dégâts infligés à notre Terre depuis une cinquantaine d'années afin de retrouver un état de référence harmonieux et durable : en un mot, une société résiliente.

L'environnement pourrait être protégé par un processus de transition écologique d'envergure mondiale, fixant et contrôlant les normes en matière de réduction des déchets, de mix énergétique et de maîtrise du réchauffement climatique.

Les êtres humains, personnellement et collectivement, devraient passer du paradigme de la peur à celui de l'amour, de l'empathie et de la tolérance. Les religions ne doivent plus être source de conflit, car il n'y a qu'un Dieu, différemment nommé en fonction du lieu de notre naissance. Sans tolérance, il n'y a pas de religion. Recherchons ce qui nous rassemble et non ce qui nous divise.

Chaque personne est un sanctuaire à lui seul, son corps est son temple, son véhicule. Il doit en prendre soin, l'écouter, créer les conditions de la transcendance qui lui donneront le courage d'explorer des horizons nouveaux, au-delà des dogmes imposés par la société, la famille, les conventions ou les croyances.

Devenir soi-même, faire naître son moi intérieur, comprendre qu'en chacun se trouve une parcelle de Dieu est un exercice nécessaire à l'épanouissement de soi et des autres. Il s'agit d'une profession de foi et d'un encouragement, qui montrera le chemin à ceux qui croient.

Nous sommes limités et incarnés, mais notre puissance spirituelle est sans limite. Une idée peut changer le monde. Depuis Abraham, père des trois religions juive, chrétienne et musulmane, en passant par Moïse, Élie, le Bouddha, Alexandre, Socrate, César, Jésus, Mahomet et, plus récemment, Goethe, Rudolf Steiner, mère Teresa, Nelson Mandela, des prophètes et des personnalités hors norme ont, chacun à leur tour, fait avancer leur époque. Ils ont affirmé leur croyance, leur vision clairvoyante et, pour certains connectés à Dieu, amélioré la condition humaine et érigé des préceptes de vie dont le message porte très loin.

Les philosophies, les religions, les leçons de vie, la démocratie ont délivré l'âme humaine dans la difficulté, la souffrance, mais aussi dans la joie et l'allégresse.

Nous sommes aux portes d'une nouvelle ère, qui exigera du courage, de la solidarité et une vision disruptive.

Une utopie, mais l'utopie est un concept qui fait le lien entre la philosophie, l'humanisme et la spiritualité, au service d'un idéal et d'une organisation sociétale et politique exemplaire, irréaliste pour les sceptiques et concevable pour ceux rêvant d'un avenir meilleur…

CHAPITRE I
L'OUVERTURE DE CONSCIENCE

•1•
SPIRITUALITÉ ET MATÉRIALISME

Depuis la révolution industrielle jusqu'à nos jours, le monde a vécu beaucoup plus de changements que durant les siècles précédents.

Toutes les périodes, depuis l'hégémonie de la pensée grecque en passant par la puissance romaine et plus tard la Renaissance, ont préparé notre ère moderne. Certes la période du Moyen Âge s'est attardée dans les pays occidentaux, et plusieurs générations ont subi l'obscurantisme, la famine et l'aliénation. La Renaissance a libéré une énergie créatrice extraordinaire et fédéré la politique et l'économie. Les génies de cette époque ont été les précurseurs des temps modernes en ouvrant nos horizons et en favorisant le changement de notre condition d'être humain. L'homme s'est toujours interrogé sur le sens de la vie, et l'utilité de son passage sur terre entre la naissance et la mort. Les écrits religieux ont imposé un rythme à la vie sur terre. Le monde actuel repose sur l'âme juive, la pensée hellène, la transcendance chrétienne, le nirvana hindouiste et bouddhiste, la ferveur musulmane et le droit romain.

Le début du XXe siècle a été marqué par les guerres de 1914 à 1918, puis de 1939 à 1945, dont l'Allemagne a été l'épicentre. Sa défaite au sortir du premier conflit et l'humiliation qui en a résulté, associée à des conditions de vie difficiles, ont provoqué chez elle un sentiment de revanche et un nationalisme forcené. La Seconde Guerre mondiale, encore plus meurtrière, a scellé une alliance entre les forces occidentales et la Russie, préparant un monde nouveau et l'organisation des Nations unies. Aucun conflit majeur, par la suite, n'a opposé les plus grands pays du monde. Grâce aux accords de Yalta et au plan Marshall, une stabilité politique s'est ensuivie, permettant un développement économique des pays ouverts aux échanges internationaux. Le bloc des pays de l'Est resta en retrait jusqu'à la perestroïka déclenchée par Mikhaïl Gorbatchev, avec le soutien et la force de conviction du pape Jean-Paul II.

Depuis cinquante ans, nous traversons une période dorée marquée par une amélioration constante des conditions de vie sur la planète, à l'exception d'une partie de l'Afrique souffrant toujours de malnutrition, de pauvreté et d'un approvisionnement insuffisant en eau potable. Nonobstant cette partie du monde, quelques cas similaires plus isolés et certains pays sous la botte de dictateurs, comme la Corée du Nord, la libération des échanges, des biens, des services, et des denrées alimentaires, ainsi que la croissance exponentielle des voyages et du tourisme, ont modifié les priorités de chacun d'entre nous. Ces trente dernières années, nous avons consommé plus d'énergie et de minéraux que pendant plus de cinq mille ans. Nous vivons à crédit et nous épuisons les ressources de notre terre, qui n'ont pas le temps de se reconstituer.

Nous vivons à crédit et nous épuisons les ressources de notre terre, qui n'ont pas le temps de se reconstituer.

Cette période bouillonnante a engendré des changements de comportement gigantesques et une mutation du corps social. Nous sommes passés des besoins collectifs à des besoins individuels accrus, d'une organisation séculaire à un renforcement de l'égoïsme et de l'individualisme. Les dix premières années du XXIe siècle ont accéléré ce processus, affaiblissant les systèmes politiques en opposition aux géants économiques essayant de contrôler le monde. Ces sociétés ont utilisé l'apparition d'Internet pour tisser une toile mondiale tentaculaire, créant de nouveaux besoins et services.

Il est temps d'établir un bilan et de fixer un nouveau cap pour l'humanité. Cela ne sera possible qu'en intégrant à ce raisonnement la multidimensionnalité de l'être humain. La dernière décennie a libéré la créativité, la recherche, les échanges au service de l'amélioration des conditions de vie et a favorisé l'hédonisme et l'individualisme dans les pays les plus riches; cependant, la croissance démographique exponentielle a sifflé la fin de la récréation.

Notre planète est passée, en cent cinquante ans, d'un milliard et demi d'habitants à presque huit milliards aujourd'hui. Cela a créé des besoins considérables en énergie et une production de déchets difficilement gérable. Et pour les quatre-vingts prochaines années, les prévisions en termes de démographie sont intolérables. Comment nourrir douze milliards d'êtres humains dont la durée de vie devrait augmenter? Les deux enjeux majeurs concernent le réchauffement climatique et la capacité de notre planète à garantir une alimentation saine et variée à la population. Tous les éléments sont interconnectés: il faudra des réponses claires, solidaires, et des changements de mode de vie risquant d'être douloureux, si l'on n'agit pas rapidement.

Cela entraîne une question préalable: l'humanité est-elle consciente de ces problèmes et prête au changement?

La nature est plus forte et plus intelligente que nous: elle est omnisciente, autosuffisante et autonome tant que les humains ne s'instituent pas maîtres du jeu. Le dérèglement du climat n'est que la conséquence d'une perte d'équilibre dans le rythme naturel de nos écosystèmes. Le monde moderne a perdu la conscience de l'organisation subtile ayant engendré la vie sur terre depuis les premières bactéries jusqu'à l'être humain. Les conditions de vie sont devenues tellement plus faciles qu'il y a cinquante ans que nous n'y pensons plus et vivons dans un déni de réalité. L'électricité bon marché, la généralisation de l'air conditionné, l'approvisionnement continu de biens et de services, la circulation des informations ont généralisé l'abondance et créé une norme paradoxalement très anormale. Comme disent certains experts non sans humour, il est trop tard pour être pessimiste. Seule une prise de conscience rapide aidera à réduire les excès à l'origine des conflits, des guerres et de la compétition au profit d'une minorité et au détriment de la majorité.

Pour certains, la science représente l'alpha et l'oméga de la survie de notre espèce et garantira à elle seule son développement en créant de nouvelles ressources et de nouveaux moyens de communication. Certes, elle a contribué à répondre aux besoins d'une population en croissance exponentielle, en termes de productivité agricole et de mise en place de réseaux de transport terrestres et aériens. Elle a aussi permis la régression, voire l'extinction de fléaux comme la peste, le choléra et la tuberculose. Par ailleurs, les recherches sur l'atome, la relativité du temps et la physique quantique ouvrent une nouvelle voie, fascinante. Cependant, le déséquilibre entre l'homme et la nature est de plus en plus inquiétant. La société moderne lancée dans une logique de progrès perpétuel a créé un monstre ayant la croissance comme boussole. Elle garantit la stabilité du modèle matérialiste actuel.

Dans les anciennes civilisations d'Égypte, de Grèce ou d'Asie Mineure, la connexion de l'homme à la nature rythmait l'évolution de la société. Pendant des siècles, les mythologies constituèrent des systèmes de croyance aidant à organiser la vie sur terre. La dimension spirituelle était alors beaucoup plus importante qu'elle ne l'est aujourd'hui. Elle était liée au rythme des saisons: cueillette, agriculture, fabrication de produits nécessaires à la vie en communauté. Les êtres humains imploraient la grâce des dieux afin de combler leurs besoins précieux, priant pour la pluie, la fécondité, les récoltes abondantes, la protection divine. En dépit de conditions de vie plus difficiles que les nôtres et d'une existence plus brève, l'espérance céleste était une réalité. Les pyramides égyptiennes, le Parthénon, les temples romains, les traces historiques du temple de Salomon, sont un héritage de ces civilisations très spirituelles.

Il est hors de question de vouloir faire l'apologie de l'ancien temps, mais il n'en demeure pas moins que les excès d'égoïsme du monde actuel mettent en danger les équilibres d'un modèle durable. Aujourd'hui, l'exigence de la preuve et l'avancée de la science ont développé le scepticisme et la remise en question des organisations humaines, associés à la montée de l'individualisme et de la pseudo-libération des consciences. La violence et les injustices du système actuel, la chute de la biodiversité, les menaces liées au réchauffement climatique, la crise sanitaire de 2020 exigent un rythme différent, passant par un équilibre entre besoins matériels et spirituels.

André Malraux, de manière prémonitoire, a écrit que le XXIe siècle serait spirituel ou ne serait pas. Une nouvelle ère s'ouvre à l'humanité favorisant la transition d'une période dure, féroce et agressive à un monde plus humain, généreux et conscient.

Une question existentielle de premier plan se pose à notre conscience: celle du sens de notre incarnation dans ce monde temporel et des conséquences de nos actions. Nous devons redécouvrir notre élan spirituel et notre trinité : corps, âme et esprit. La science moderne et l'esprit quantique peuvent se mettre au service d'une évolution transcendante des êtres humains, en symbiose avec les forces de l'univers.

Le temps est une invention humaine récente fondée sur le cycle des astres. Selon Steiner, un être humain fonctionne par cycles : sept ans pour développer sa dentition, sept ans de plus pour la puberté, et sept ans plus tard, à l'âge de vingt et un ans, on le considère comme abouti et ayant atteint l'âge adulte. Une plante se renouvelle et se régénère sur un cycle d'un an. Un corps céleste tel qu'une planète se constitue et intègre un système solaire sur la base d'un calcul du temps si différent de notre temps terrestre qu'il dépasse la raison.

Les civilisations anciennes dites « du calendrier », par exemple celles des Mayas ou des Chaldéens, s'interrogeaient sur l'influence des planètes et leur rôle dans le cosmos. Notre période matérialiste tend à déconnecter les personnes de leur intériorité et de leur intimité car elles sont trop occupées par leur travail et leurs multiples distractions. Malgré l'urgence d'un réveil spirituel et la recherche de sens, nous semblons ne plus prêter attention à cette grande horloge cosmique.

Le téléphone mobile est devenu la boussole de la nouvelle génération. Les journées sont désormais trop courtes pour assouvir nos besoins. Après avoir dormi huit heures en moyenne, il reste seize heures utiles dont une bonne partie est passée en connexion avec des interfaces numériques pour la majorité de ceux ne travaillant pas manuellement. Au-delà d'un flux incessant d'informations créant plus d'agitation que d'intérêt, le temps disponible est partagé entre les réseaux sociaux, les messages et les e-mails. Cela crée une tension palpable, un état de stress, de fragilité et de nervosité pouvant provoquer dépression et burn-out. Les algorithmes, qui calculent mieux que nous et réduisent la part d'incertitude, risquent de nous rendre obsolètes.

Cette boulimie de connexion sature les circuits nerveux et crée une dépendance réelle. La panoplie téléphone-tablette-ordinateur, sans oublier les montres connectées, les robots et les assistants personnels virtuels, ont transformé une minorité de la population en fantômes ambulants. Cela engendre un danger plus important encore : l'inexorable déconnexion de l'horloge interne, du rapport au temps et de la relation avec la nature. Se coucher en lisant les dernières *stories* et en y répondant, se précipiter au réveil sur les messages reçus pendant notre sommeil, sont devenus des réflexes aliénants, robotisant l'individu. Le piège s'est refermé, la technologie veut prendre le pouvoir et contrôler la vie des gens, qui finissent par perdre la capacité de concentration et d'accès à leur force intérieure. Cette surconsommation est aussi addictive que les drogues. Et si les deux sont associées, elles condamnent les utilisateurs à un enfer mental.

L'*Homo sapiens* est en danger, menacé par l'avènement de l'homme augmenté, ayant les allures d'un humain, mais dont le libre arbitre et la force créatrice auront été réduits.

Heureusement, de plus en plus de personnes sont en recherche d'équilibre et d'harmonie et pratiquent l'expérience spirituelle : yoga, respiration, recueillement... Il est vital que la force des émotions ne soit pas réduite au divertissement. La liberté d'agir, de ressentir et de choisir sublime notre existence, donne du sens à notre vie et conditionne nos relations avec autrui, les animaux, les végétaux, l'ensemble de la création. Dans cette société anxiogène, un chemin de vie apaisé requiert de la discipline et une élévation du niveau de conscience, une hiérarchisation des priorités et une visualisation du plan de vie. L'homme spirituel est multidimensionnel. Il a compris l'essence de l'existence, la présence des corps subtils et des forces vitales. La métamorphose de sa vie passera par une ouverture du cœur, une quête de sens et une harmonisation avec la nature.

·2·
LES FORCES VITALES

L'organisation parfaite de l'univers, des galaxies, de notre système solaire, les interactions de la planète Terre et de la Voie lactée – tout cela nous ramène à l'humilité et nous oblige à lever les yeux pour contempler les constellations, les rythmes naturels, les saisons, l'eau, l'air, le vent et la terre. Cette mécanique en mouvement a engendré la vie. Cette symphonie allégorique dépasse l'entendement. Elle repousse les limites des champs de conscience, éveille les sens et libère les énergies.

Homère, dans l'*Iliade* et l'*Odyssée*, avait déjà tout écrit en posant la question du libre arbitre, de la sagesse et de la capacité de l'homme à se déterminer et à vivre en communauté : au chant XVII de l'*Iliade*, il s'écrie : « Ah ! Que la dissension périsse parmi les dieux ! Et, parmi les hommes, périsse la colère qui trouble le plus sage et qui, plus douce que le miel liquide, se gonfle, comme la fumée, dans la poitrine des hommes ! » Nous vivons au paradis et nous avons créé les conditions de l'enfer. Le respect des vivants et des biotopes devrait être une priorité pour tous. La nature est non seulement notre alliée, mais aussi la condition de notre existence. Le soleil garantit la photosynthèse, crée l'oxygène, nourrit les sols, les fleuves, les océans et régule à la perfection notre vie. Comment l'homme en est-il arrivé à oublier que chaque battement de son cœur, chaque mouvement n'est possible que par la force de cette organisation millimétrée ? Notre horloge biologique est directement reliée aux pulsations cosmiques de l'univers. Rien n'est arrivé par hasard. Tout fait partie d'un plan divin parfait et interconnecté. L'eau possède une mécanique interne, les arbres communiquent entre eux, la force des planètes et de la lune influencent notre vie ainsi que celle des animaux et des plantes.

Le monde paysan s'est considérablement rétréci. La mécanisation et surtout l'industrialisation de la filière agricole ont sacrifié la diversité sur l'autel du productivisme et de la standardisation. L'augmentation croissante du nombre d'habitants, l'allongement de la durée de vie ont augmenté les besoins alimentaires de l'humanité. Il faut garantir la stabilité des récoltes et organiser les marchés. L'objectif a été atteint, mais cela n'a pas réglé les problèmes de famine et de malnutrition dans les pays pauvres et de surconsommation dans les pays riches.

Le pire et le meilleur se côtoient sur la surface du globe, et l'homme agit en toute inconscience, sans aucun sentiment de culpabilité.

Il faut, malgré tout, faire confiance à l'être humain, car il est à la fois au centre des problèmes et le garant des solutions potentielles.

Le temps est venu pour chacun d'éclairer sa lanterne et d'être bienveillant envers soi-même, les autres et la nature. Celle-ci est notre trésor le plus précieux, et il est important de la protéger pour les générations futures, en s'engageant pour le respect de la biodiversité sur la Terre. C'est un acte citoyen, militant, éthique et équitable passant par l'éducation, l'éveil des consciences, l'art de vivre ensemble et dans le respect des différences.

Il est encore temps de soigner nos névroses individuelles et collectives et de préserver l'essentiel, afin de garantir la paix et vivre dans un monde serein et harmonieux. C'est une condition essentielle, sinon nous serons rappelés à l'ordre par la puissance universelle qui corrigera, avec force et fracas, la trajectoire erronée et obstinée que nous aurons maintenue. Il faut utiliser dans tous les domaines, et en particulier dans l'agriculture, nourricière pour la planète, le meilleur de la recherche et de la technologie au service du climat, des terroirs, de la diversité des graines et des espèces, qui garantiront une alimentation de qualité, saine, variée et respectueuse de l'environnement.

L'agriculture et les changements climatiques sont des enjeux cruciaux pour les dix prochaines années, conditionnant la qualité de vie sur terre. Il faut cesser de diaboliser le monde paysan, qui, trois cent soixante-cinq jours par an, s'occupe sans répit de ses exploitations et connaît souvent l'éreintement. Le temps est venu de garantir de manière durable le montant des deniers agricoles dans le cadre d'un cahier des charges bénéfique à l'environnement et contraignant pour les exploitants en termes d'utilisation de produits phytosanitaires de synthèse : l'usage des intrants chimiques – herbicides, fongicides et autres engrais – doit être considérablement limité dans les cinq prochaines années et interdit à terme. C'est un défi pour la recherche appliquée et les États, qui est essentiel pour la qualité de l'eau, de l'air et de la vitalité des sols.

De façon concomitante, il est important de réduire notre consommation de viande, car l'élevage de bovins est trop gourmand en céréales et en eau. La société de consommation, la publicité, le fast-food ont encouragé la consommation excessive de produits carnés et de laitages, bien supérieure aux besoins de l'homme adulte omnivore.

Le prochain scandale sanitaire sera celui des conséquences des résidus de pesticides, non seulement sur la santé humaine, mais aussi sur les nombreuses espèces d'oiseaux, d'animaux et d'insectes dont ces substances causent la disparition progressive. Les décès inquiétants d'abeilles dans les pays industrialisés, dits « civilisés », devraient nous faire réagir en développant au plus vite l'agriculture biologique, garante de la vie des pollinisateurs, de la fertilité des sols et de la qualité de l'air. Il y a autour de nous un monde sensible et suprasensible, invisible à l'œil nu pour les non-initiés et assurant la survie de notre espèce.

La viticulture, depuis plus de trois mille ans, produit sur la planète des vins issus de mille cinq cents cépages différents. Elle n'a pas de fonction vitale et doit donc, à ce titre, être exemplaire. Elle réjouit nos cœurs, rapproche les gens, accompagne nos repas et se prévaut souvent d'une origine géographique. Le vin ne doit pas avoir le goût de quelque chose mais de quelque part. Il possède une dimension sacrée, symbolique et populaire, permettant de célébrer en tout lieu la fraternité, l'amitié et l'art de vivre.

En viticulture, dans les vingt ans à venir, l'agriculture biologique deviendra la norme. Le consommateur souhaitera boire davantage de produits personnalisés, garantissant une traçabilité, une typicité et un goût.

Les dons de notre Terre mère et du génie humain ont créé les conditions d'un approvisionnement continu dans toutes les démocraties. Il faut maintenant généraliser celles d'un développement de l'agriculture durable, y compris dans les pays en voie de développement. Se nourrir correctement est un besoin élémentaire devant être garanti pour chacun, au même titre que la disponibilité et la qualité de l'eau et de l'air.

En viticulture,
dans les vingt ans à venir,
l'agriculture biologique
deviendra la norme.
Le consommateur
souhaitera boire davantage
de produits personnalisés
garantissant
une traçabilité, une typicité
et un goût.

De nombreuses fondations, associations et ONG ont mis en œuvre des outils de surveillance et d'éducation pour protéger la biodiversité, les océans et les terroirs, car l'espèce humaine a fait plus de dégâts et de déséquilibres dans les cinquante dernières années que depuis la création de l'univers.

Cette situation inédite impose un devoir d'inventaire à l'échelle mondiale afin de créer une nouvelle organisation où nous vivrons mieux et plus apaisés, en respectant la nature et nos origines.

• 3 •
LA NATURE HUMAINE

Tout le monde s'accorde à annoncer la fin d'une ère et le début d'une nouvelle. L'humanité, nous l'avons déjà évoqué, est entrée dans une période mouvementée et frénétique. Les progrès technologiques sont plus rapides que les capacités des êtres humains à les intégrer dans leur mode de vie. La société de consommation met à la disposition de la quasi-totalité des pays tous les outils nécessaires à la circulation de l'information (télévision, ordinateur, téléphone, Internet, jeux vidéo), à l'hédonisme hypertrophié (alcool, drogues, médicaments) et ouvre la porte de façon indifférenciée à une culture et à une idéologie destinées à une jeunesse déboussolée, dont les repères traditionnels (famille, éducation...) volent en éclats. Les addictions se multiplient et menacent de faire chavirer le navire sur lequel nous sommes embarqués.

Cela nous amène à nous poser la question essentielle : où va-t-on ? Que veut-on ? Que recherche-t-on ?

La surabondance d'informations, le terrorisme, la dérégulation climatique menacent notre équilibre. La génération actuelle tire des crédits qui hypothèquent le mode de vie des générations futures. La machine infernale s'est emballée ; elle renforce les égoïsmes, creuse les inégalités, attise les haines entre les peuples, les ethnies, les religions, accroissant par là le communautarisme et le capitalisme sauvage.

Les plus jeunes ne font pas toujours la différence entre le monde virtuel et le monde réel. Les Google Glass ou les Pokemon Go réduisent la distinction entre hors-ligne et en ligne. La tablette est devenue le meilleur partenaire des enfants, le téléphone connecté celui des parents et les réseaux sociaux celui des grands-parents. C'est la fête sur la Toile, tant que la lumière est allumée et que le sommeil ne vous plonge pas dans une autre réalité.

L'homme commet le péché d'orgueil de penser qu'il est le maître du jeu. Si l'on ramène l'histoire de la terre à une année calendaire, on apprend que chaque journée correspond à douze millions d'années, que les premières bactéries sont apparues en février, les premiers poissons en novembre, les dinosaures à la mi-décembre, nos ancêtres dans l'après-midi du 31 décembre et notre espèce, l'*Homo sapiens*, vers 23 h 30 ! Nous sommes donc une goutte d'eau dans l'océan universel.

Des solutions existent pour créer sur terre un paradis où chacun pourra vivre heureux en développant la bienveillance, le respect de l'altérité et la fraternité. Nous devons éteindre les feux de la peur et allumer les bougies de l'amour. La culture de l'effroi, voire de la terreur, est liée à celle du pouvoir et du contrôle sur autrui. Elle est entretenue par certains régimes politiques et est responsable des maladies, des névroses, des dépressions, de la jalousie et de l'isolement. Elle est aussi la cause de l'échec du système actuel. La peur est un écho résonnant dans l'esprit humain, engendrant des pensées négatives qui freinent l'épanouissement, l'élan spirituel et l'éveil des sens. L'humanité a mis Dieu sur un piédestal, et beaucoup de religions prônent la culpabilité davantage que l'amour : « tu craindras l'Éternel ! » Or la crainte prend principalement racine dans un état de séparation entre l'homme et Dieu...

La peur est un écho résonnant dans l'esprit humain, engendrant des pensées négatives qui freinent l'épanouissement, l'élan spirituel et l'éveil des sens.

Les religions juive, chrétienne et musulmane ont des racines communes, et pourtant en leur nom, nous guerroyons entre frères et sœurs. Il est essentiel de faire évoluer notre niveau de conscience et de tolérance en recherchant ce qui nous rassemble et non ce qui nous divise. Tous les grands maîtres ascensionnés, à différentes périodes de l'histoire, ont délivré un message d'amour. Ces guides spirituels ont, durant leur incarnation, développé leur nature divine et inspiré la nécessité du changement intérieur.

En fonction de nos origines, de notre histoire et de notre culture, nous avons (ou non) été éduqués et attirés par une philosophie ou une religion donnant une base solide à notre vie. Il est impératif d'être tolérant et d'accepter les différences comme un enrichissement et une ouverture. Les textes sacrés et les écritures saintes ont contribué, à façonner notre civilisation et à nous inspirer. L'interprétation des paraboles, des métaphores et des allégories doivent être apprises et expliquées car les guerres trouvent souvent leur origine dans la religion. L'enfer et le diable étaient la destination réservée à ceux qui n'appliquaient pas les préceptes. La sagesse consisterait à créer une unité avec Dieu et proposer un nouveau chemin, mettant fin à la peur et favorisant des sentiments positifs, ouverts et généreux. Dieu est omniscient, partout et en tout.

La nature humaine est la forme la plus raffinée de conscience existant sur terre. Notre vocation est de respecter notre prochain, d'ouvrir notre cœur, d'aimer fraternellement et de nous connecter à la nature, faisant passer les intérêts supérieurs collectifs avant nos intérêts individuels immédiats.

Après la culpabilité et la crainte, la mort pose question. Elle affecte le comportement des êtres humains dans leur vie, leurs actes et leurs croyances. Pour certains, c'est l'heure du bilan et le moment de rendre des comptes à Dieu. Pour d'autres, après la mort, vient le néant, et donc la séparation, la tristesse, la fin de l'aventure humaine. On pourrait aussi envisager une expérience de notre mortalité plus apaisée, comme une transition, un changement de niveau de conscience, une libération de notre esprit et de notre âme, la fin des souffrances et le passage sur un autre plan.

Avoir conscience de notre unité avec Dieu, c'est se relier à la force créatrice universelle, à l'énergie cosmique, à la pulsation et au rythme de la nature. Nous ouvrons la porte à un nouvel état de conscience, où la vie devient un processus continu de croissance, d'expérience, de créativité, de découverte et d'émerveillement.

Se connecter à la terre mère, c'est entrer en résonance avec l'univers... Nous sommes des êtres multidimensionnels : notre corps physique, éthérique, astral, notre cerveau, nos chakras, nos sens, nos émotions, forment un ensemble complexe interactif, à la fois très fragile et très puissant. Le pouvoir de notre esprit peut créer une idée et changer le monde. Les pensées sont liées à l'intellect et donc au soi profond. La force créatrice de l'univers est reliée à l'intuition, l'inspiration et à l'imagination. L'extase correspond au stade ultime de l'illumination, que les grands mystiques ont connu.

La foi est le moteur, l'élan responsable de ce processus créatif. Elle n'a de sens que si elle est éprouvée intimement. Elle ne se vit pas par procuration, mais chaque jour, un pas après l'autre, à la découverte de l'inconnu et en osant prendre des risques.

Dieu, c'est la vie. Être vivant, c'est accepter le fait que chaque créature est unique et doit tracer un sillon en résonance avec ses aspirations. Quand on se laisse porter par l'amour universel et la force de l'intention pure, le chemin à suivre se dessine tout seul.

• 4 •
L'ÉMERVEILLEMENT

Imaginez un matin, commençant par un réveil doux et harmonieux. La première décision à prendre est d'ouvrir ses volets, afin de laisser l'air frais du matin circuler dans la chambre.

En pleine conscience, nous pouvons dire merci à la création pour le nouveau jour, à la rencontre de moments uniques. Regarder le jour éclore, c'est être conscient du cycle de la nature, qui, dans une symphonie parfaite, nous permet de vivre, nous nourrir et nous connecter à l'univers. En respirant et en refusant toute forme de pensée négative, nous commençons par redécouvrir le miracle de la vie, avec l'âme d'un enfant.

Laissons notre téléphone en mode avion avant qu'il ne redevienne le centre de toutes nos attentions. Faisons une pause et concentrons-nous sur notre intériorité et notre temple intérieur. La mécanique prodigieuse et complexe qu'est notre corps a profité du temps du sommeil pour se régénérer, laissant nos rêves et notre subconscient se connecter au champ global. Chacun de nous est unique, en quête existentielle, et doit comprendre quel est son rôle sur cette terre. Il faut pour cela, de manière positive et consciente, élargir notre horizon mental, comprendre le sens caché des choses, écouter le souffle du vent, oublier notre ego afin que le moi fasse place à l'immensité de l'univers et à l'étonnement.

Remercier, c'est aussi accepter les difficultés passagères. La bonne nouvelle concernant vos problèmes, c'est que personne ne vous les aura pris pendant la nuit.

C'est en agissant que l'on se sent vivant. Accepter les défis, c'est aussi comprendre que le chemin nous propose de faire face aux écueils pour les dépasser, les sublimer et donc renforcer notre énergie créatrice, notre puissance et notre volonté. « Il te sera donné selon ta foi » (Évangile selon saint Matthieu, 8, 13).

Accepter son incarnation, être conscient de son unicité, de cette chance qu'offre la vie est un don, une grâce qui transcende. Les enfants ont la capacité à s'émerveiller chaque jour et d'oublier ce qui s'est passé la veille. Sur une feuille blanche, ils redémarrent une nouvelle journée en souriant, avec la certitude que tout va bien. L'adulte doit retrouver non pas l'émerveillement, qui est un concept, mais la capacité de s'émerveiller.

Après avoir développé l'intériorité et s'être familiarisé avec la contemplation, on aborde la prochaine étape : la méditation, révélant ce qu'il y a en nous de plus profond et intime. Cette présence éveillée crée une ouverture, un élan de bienveillance, de respect, d'harmonie et de beauté. C'est un état vibratoire, un feu qui engendre des pensées positives, un amour pour la création, libérant une énergie et donnant le courage de vivre et de prendre des décisions. En acceptant de guérir ses blessures, et ses obsessions, on ouvre son cœur et son esprit à l'émerveillement.

La vie n'est pas un long fleuve tranquille, mais elle laisse le choix de s'affranchir des chimères et des illusions. Elle est une expérience extraordinaire pour toute personne en quête de vérité. Affronter la réalité, c'est accepter de voir le merveilleux en chaque être. C'est le chemin qui fait la beauté de l'existence et nous surprend quand on ne s'y attend plus. La réalité n'est jamais banale. Elle peut parfois nous réserver le meilleur.

Un état de conscience positif et altruiste nous ouvrira les portes du bonheur, du succès et de la plénitude. Il n'y a pas plus de vertu à être pauvre et malheureux qu'à être riche et heureux.

Nelson Mandela, dans son discours d'investiture, ne tarit pas d'éloges sur la beauté du monde. Il a sublimé la souffrance et l'a transformée en expérience pour devenir une personne aimante, sans aucune animosité envers ses geôliers ni aucun ressentiment contre ses juges. Son sourire, son regard, son verbe nous remplissent de joie et donnent de la force à nos prières. « Notre peur la plus profonde, disait-il, n'est pas de ne pas être à la hauteur ; notre peur la plus profonde est d'être puissants au-delà de toutes limites. C'est notre propre lumière et non notre obscurité qui nous effraie le plus. Nous nous posons la question : qui suis-je pour être brillant, radieux, talentueux et merveilleux ? En réalité, qui êtes-vous pour ne pas l'être ? Vous êtes un enfant de Dieu. Nous restreindre, vivre petit, ne rend pas service au monde. L'illumination n'est pas de vous rétrécir pour éviter d'insécuriser les autres. Nous sommes nés pour rendre manifeste la gloire de Dieu qui est en nous. Elle ne se trouve pas seulement chez quelques élus, elle est en chacun d'entre nous, et à mesure que nous laissons briller notre propre lumière, nous donnons inconsciemment aux autres la permission d'en faire autant. En nous libérant de notre peur, notre puissance libère automatiquement les autres. »

Ce message rempli d'amour, de sagesse et de tolérance, est une source d'inspiration pour tous et en particulier pour les plus démunis, ceux qui souffrent et dont le quotidien est difficile. Rien n'est définitif, tout est transitoire. Il faut toujours voir un sens caché aux choses de la vie, qui sont parfois des bénédictions déguisées. Croire en Dieu est une chance, mais croire en soi est une exigence. Qui suis-je pour ne pas croire en moi ? La vie n'est pas une fatalité, mais une bataille, une quête, une route sinueuse semée d'embûches.

Chaque soir, en rentrant chez soi et avant de se coucher, il est souhaitable de prendre quelques minutes pour soi-même et se préparer à se reposer. Symboliquement, nous devons apprendre à déposer le fardeau pesant sur nos épaules et nous libérer de ce poids afin de nous endormir du sommeil du juste, de celui ayant la certitude que demain lui appartient. Cette introspection est une ascèse, un moment de clairvoyance et un message positif envoyé à soi-même et au monde. Demain sera un autre jour et le pire n'est jamais certain. Le meilleur est souvent à venir.

Symboliquement, nous devons apprendre à déposer le fardeau pesant sur nos épaules et nous libérer de ce poids afin de nous endormir du sommeil du juste, de celui ayant la certitude que demain lui appartient.

La capacité de s'émerveiller est naturelle chez les plus jeunes, car ils sont ouverts, disponibles à l'apprentissage et à la découverte de tout ce qui les entoure. Naturellement et inconsciemment, ils se construisent jour après jour et développent leur potentiel cognitif, leur intelligence émotionnelle et leurs relations avec les autres dans un élan harmonieux et dépourvu d'effort. Chaque jour, pour eux, contribue à une construction de soi. Les parents favorisant une éducation basée sur la créativité, les rencontres et le dialogue créent les conditions de cet épanouissement. Le sport est une école de dépassement, de solidarité, de leadership et d'humilité, développant la confiance. Cet état d'esprit positif et ouvert nous aide à progresser et à intégrer les données nouvelles.

Les barreaux de l'échelle de la vie se montent un par un, au prix d'un effort différent selon les personnalités. On doit trouver son propre rythme, que l'on soit enfant, adolescent ou adulte. Chaque parcours est unique, ainsi que chaque destinée. L'anormalité est la règle. L'émerveillement consiste aussi à se connaître, à accepter ses forces et ses faiblesses, et à se pardonner les échecs et les erreurs.

De l'infiniment petit à l'infiniment grand, l'homme est une poussière dans l'univers, mais il est en même temps une particule de Dieu, une flamme vive et créative. C'est une force mais aussi une exigence de nous révéler à nous-mêmes afin de répondre aux défis quotidiens et être heureux. La quête de soi, la compréhension et l'acceptation de notre être développent jour après jour cette puissance intérieure génératrice de bonheur, de sagesse et d'amour. Nous sommes uniques, avec un corps, une conscience, un esprit et une âme, qui nous élève.

La hiérarchie des cycles, partant du minéral et passant par le végétal puis l'animal pour parvenir à l'humain, confère une responsabilité liée à notre position dominante et nous invite à comprendre, avec humilité, que cette évolution a été rendue possible par une dynamique créatrice ayant engendré sur cette planète l'espèce humaine. Quelle sublime organisation !

Chaque jour, on peut trouver des milliers de raisons de s'émerveiller. Il faut d'abord prendre conscience que nous sommes réellement vivants et non des zombies déambulant d'un endroit à un autre. Il s'agit de reprendre le contrôle de sa vie et d'orienter nos actions dans un sens positif, volontaire et empathique.

Le soleil brille, la nature s'agite, le chant des oiseaux en ville ou au milieu d'un parc fait écho à cette promesse. Le silence ouvre la porte à une mélodie douce et apaisante. Je fais mes choix, j'aligne mes priorités. Mes trente premières minutes seront dédiées à prendre soin de moi. Mon corps physique se réveille, ma respiration monte en puissance, profondément et en cadence. Les muscles sont sollicités, s'étirant et se rétractant harmonieusement. J'existe, je suis réveillé et en résonance avec mon être profond. Je suis prêt à démarrer une journée ouverte au champ de tous les possibles. Je visualise un grand nombre de scènes positives qui vont changer le cours de mon quotidien et influencer le reste de mon existence. Je suis dans l'éternel présent et je ressens l'énergie de la création. Je suis unique et j'ai droit au meilleur dans le respect des autres.

Ce souffle d'amour renforce ma créativité, me libère des angoisses et des peurs. Il me permet de ressentir et d'utiliser ce fluide, ces vibrations, cet oxygène. Je fais la paix avec moi-même en chassant l'énergie négative et destructrice qui m'emprisonne, me limite et m'empêche d'avancer. Accéder à la pleine conscience est une méthode, un moment intime, qui m'aidera à m'épanouir, et me donnera la force et l'amour nécessaires. J'ai envie de partager ce moment, de crier, d'exulter, en famille, avec mes proches ou mes amis, mais aussi avec ceux qui ne m'apprécient pas. L'émerveillement est la cause et la conséquence de l'amour. Il est à la fois l'attribut et le sujet. En pardonnant aux autres, on s'autorise aussi ce choix personnel et l'on trace sa voie en se libérant des fardeaux. Je me sens libre comme un oiseau, et je vole à mes prochaines conquêtes. J'ai l'âme d'un aventurier et j'explore de nouveaux horizons, de nouvelles frontières. Mes projets sont ma chance. Ils ne dépendent de personne et doivent être en phase avec mes désirs. Ils sont personnels ou collectifs.

S'informer, lire un livre, visiter une exposition, aller au cinéma, rencontrer ses amis ou aller marcher en solitaire : il y a une infinité de choses à découvrir. Il est interdit de ne rien faire, de ne pas avoir de but, d'objectif. L'oisiveté, dit-on, est la mère de tous les vices. La discipline crée une routine, un entraînement, favorisant la mise en action.

Collectivement, je choisis de participer aux projets professionnels me tenant à cœur. Il y a toujours, d'une part, les figures imposées par la feuille de route de mon travail et d'autre part les figures libres. Je m'organise pour être productif et en accord avec mon mode de vie, mes aspirations. Je recherche les vraies valeurs de mon entreprise, son ADN, et je découvre le sens, parfois caché, de ma mission.

J'aime faire ce qui m'est proposé : cela me donne un but en provoquant une satisfaction. Si je ne suis pas heureux, ou pas en phase avec les fondations et les valeurs de mon projet, j'en recherche activement un autre. Prendre des risques, c'est s'autoriser à gagner et parfois à perdre, mais toujours à apprendre et à tirer des leçons. « L'expérience est le nom que l'on donne à ses erreurs », écrivait Oscar Wilde. On apprend toujours plus de ses échecs que de ses succès. Il faut également apprendre à aimer les périodes difficiles, car elles permettent de se construire et de mieux comprendre le sens de la vie.

Réussir, c'est aussi se programmer pour le succès. Il sourit aux audacieux, aux téméraires et à ceux ne s'arrêtant pas aux premiers obstacles. « À vaincre sans péril, on triomphe sans gloire » : ce vers de Corneille nous révèle la vertu du travail et la force du caractère. Pas à pas, pierre par pierre, on construit son histoire, on bâtit sa maison sur des fondations solides et pérennes. L'adage « Rome ne s'est pas faite en un jour » met en perspective le temps nécessaire pour accomplir de grandes choses et réaliser son œuvre.

La différence entre la victoire et la défaite se cache toujours dans le plus infime détail.

La différence entre la victoire et la défaite se cache toujours dans le plus infime détail. Il faut toujours donner le meilleur de soi-même et laisser la providence et les autres faire le reste. Rien n'est jamais écrit d'avance. L'incertitude du lendemain est la plus grande et la plus belle des certitudes. Alors, dormons du sommeil du juste, ouvrons nos yeux pleins d'espoir et de joie, vibrons toute la journée en nous sentant vivant et utile, et prenons chaque imprévu comme une opportunité rencontrée sur notre chemin.

Chaque don est une offrande, une merveille. Nous en avons tous au moins un. C'est à nous de le faire fructifier et de l'éprouver afin qu'il grandisse et s'affirme jour après jour.

Ne rien faire est une paresse et une punition que l'on s'impose. Faire, c'est exister, s'émanciper, grandir et rechercher le bonheur et l'émerveillement.

Alors vivons intensément !

CHAPITRE II
LA TRANSCENDANCE

·5·
L'ÉLAN DU CŒUR

Le feu brûle, l'amour transporte, la douleur fait mal, les sentiments pêle-mêle se succèdent jour après jour, nuit dans la nuit, au plus profond de nous, en communion avec la pulsation cosmique de l'univers. L'élan du cœur est fort, fragile, irrésistible, il te joue des tours mais jamais ne t'abandonne. Il guide tes pas, te donne la force de croire et d'espérer. Ce filtre universel est le moteur de la vie, qu'elle soit animale ou humaine. C'est un lien invisible entre nous tous. Il est connecté avec la terre, le ciel, et harmonise les pulsations. Il purifie le sang, régule les flux, équilibre la tension et inonde nos veines, nos artères et nos organes. Il est au centre de nos préoccupations et est la cause de nos passions et de nos aspirations. Il bat le rythme de notre musique intérieure et accorde nos désirs. Il sent, ressent, aligne le corps, l'esprit et l'âme. Sa forme et sa couleur symbolisent l'amour, la fraternité et l'espérance.

L'ouverture des cœurs mène à l'amour inconditionnel qui donne la foi et transcende l'existence. Ce lien fraternel crée l'osmose, l'énergie et l'émotion. Le cœur est l'ouverture temporelle et intemporelle vers la source de création, le divin. Il nous unit, nous préserve du néant et du chaos. Il rend heureux, malheureux, malade ou bien portant. En un instant, il peut nous transpercer et faire beaucoup de mal ou nous inonder d'une joie profonde.

On perd le contrôle de la normalité en le laissant prendre les rênes de notre vie. On découvre la beauté de chaque matin, la fraîcheur du jour, le sourire qui en déclenche un autre. Cette capacité d'enthousiasme est une chance, un rayon de soleil, l'odeur d'une rose, le bruit du vent, l'énergie de l'eau, la symphonie de la nature. Le grand orchestre universel bat la cadence dans une perfection absolue. Le cœur de la terre, parfois exulte, les volcans se réveillent et déposent pour des milliers d'années des coulées de laves en fusion. C'est un hymne à la joie, à l'amour pour la création, la célébration du monde vivant. Le cœur est une mécanique de précision, un moteur perpétuel, une horloge ponctuelle au service de chaque être sur terre. Il engendre les émotions et, telle une boussole intérieure, guide chaque individu.

« On ne voit bien qu'avec le cœur. L'essentiel est invisible pour les yeux », tel est le secret du renard délivré au Petit Prince dans le roman d'Antoine de Saint-Exupéry. Tombé d'une étoile et errant dans le désert, le personnage se découvre lui-même en cherchant son chemin. C'est une histoire universelle initiant à la vérité et à l'amour. L'esprit, le mental sont trop aliénés par l'ego pour avoir la prétention d'atteindre le même niveau de réalisation. Le cœur, c'est le soleil des êtres vivants. Il perçoit la chaleur, l'énergie et stimule notre corps physique.

Le cœur, c'est le soleil des êtres vivants. Il perçoit la chaleur, l'énergie et stimule notre corps physique.

La vie est fragile, elle ne tient à rien. Elle est unique et, potentiellement, n'a pas de limite autre que son côté sombre, la mort. Ce sont les deux faces d'une même sphère, tournant continuellement et offrant un cycle infini de renaissance. Nous sommes tous connectés par cet élan de vie, unis par ce lien, cette force inébranlable et éternelle.

Les grandes périodes de la civilisation ont été les marqueurs de l'évolution humaine. Le cœur du monde s'est déplacé tour à tour entre la Grèce, Rome, les peuples du Nord, Venise, Anvers, Gênes et plus récemment les États-Unis et la Chine. La région dominante contrôle le monde pour une période éphémère à l'échelle de l'humanité.

Chaque génération contribue à un éveil, une créativité et une organisation nouvelle. La Renaissance a été marquée par une imagination débordante et un sens esthétique incroyable. Michel-Ange, Léonard de Vinci, Raphaël, entre autres, ont rivalisé d'ingéniosité, de talent et de génie. Cette quête irrésistible a engendré des chefs-d'œuvre uniques qui nous enthousiasment.

La beauté vient du cœur : elle ne juge pas, ne mesure pas, mais rend grâce dans l'action de créer et de sublimer les éléments, révélant l'âme de l'artiste. Nous avons tous une fibre artistique. Certains ont reçu un talent spécial dépassant l'entendement et la morale. Ils mettent en perspective leur vision du monde et au-delà amplifient le message universel. Le cœur de ces hommes et de ces femmes entre en résonance absolue avec leur âme, connectée avec la pulsion de l'univers.

Le souffle crée le rythme. Le rythme libère le souffle. Notre véhicule corporel doit être entretenu et entraîné afin de donner de l'élan à notre vie. Prendre conscience de notre unicité, de notre relation avec le tout permet l'ouverture à notre prochain et à la matrice universelle. Nous détenons le pouvoir d'agir et de croire à une force invisible nous reliant. Cela peut résulter d'une prise de conscience progressive, après un long cheminement intérieur. Parfois un événement particulier, créé par des conditions exceptionnelles, voire dramatiques, révèle notre multidimensionnalité. Notre corps dans ses trois dimensions – physique, énergétique et émotionnelle – est connecté avec nos enveloppes éthériques et astrales. Nous recevons en permanence les forces telluriques et cosmiques, qui nous maintiennent debout.

Le soleil est le cœur de notre galaxie et, par son rayonnement continu, le responsable de la vie sur terre. L'héliocentrisme conceptualisé par Copernic, complété par Galilée et Kepler, le place au milieu de notre système planétaire. L'analogie entre le soleil et le cœur des êtres vivants révèle une interconnexion des planètes avec les quatre éléments constitutifs de la terre : le minéral, le végétal, l'animal et l'humain.

Dans notre univers en expansion existent des milliards de planètes et de systèmes différents. La Voie lactée est une véritable machinerie interagissant avec les autres systèmes et intégrant de nombreux champs magnétiques et énergétiques en circulation. Cela dépasse notre compréhension et peut effrayer beaucoup d'entre nous. Les physiciens ont mis leur vie en danger pour affirmer des vérités fondamentales. En 1687, Isaac Newton a proposé une formulation mathématique de la gravitation et des lois mécaniques. Les grands prophètes – Abraham, Élie, Moise, Bouddha, Jésus, Mahomet – ont, de leur côté, contribué à élever la nature humaine en fixant des règles, des lois et une espérance fondée sur l'amour du prochain, la solidarité et la transcendance. Cet élan vient du cœur. On ne peut pas laisser à l'ego et au mental la tâche d'organiser notre résilience à l'échelle mondiale.

Ces personnages mythiques ont reçu les enseignements de leurs guides spirituels. Cet éveil a été rendu possible par leur ascèse, leur volonté, leur recherche, mais surtout par leur capacité à atteindre l'illumination. L'ouverture du cœur crée cet état transitoire, en connexion directe avec Dieu, quel que soit le nom qu'on lui donne : Yahvé, Jéhovah, Allah, Zeus, Brahma, l'Éternel… La force de leur engagement est née de cette prise de conscience et a grandi par leurs actions, leurs prédications, l'influence qu'ils ont exercée sur les peuples et leur parole miraculeuse d'êtres de lumière. Seul un cœur rempli d'amour pour son prochain et libéré de toute peur peut atteindre l'extase. Cette communication spirituelle, étalée sur les générations, a également été pratiquée par des philosophes comme Confucius en Chine ou Socrate, Platon et Aristote en Grèce. Bien qu'ils ne soient pas considérés comme des prophètes, leur sagesse, leur clairvoyance et leurs écrits continuent d'inspirer les peuples.

La plupart des religions se fondent sur le concept de l'immortalité de l'âme, certaines à travers celui de la réincarnation. Le christianisme a identifié Jésus comme fils de Dieu, ressuscité et ayant guidé les apôtres dans l'écriture des Évangiles. Chez lui aussi, l'élan du cœur est le credo : « Aimez-vous les uns les autres » est son message universel rayonnant bien au-delà de l'Église. Il est le socle de la vie en communauté, le garant d'une harmonie et d'un équilibre créant l'osmose entre les êtres humains, la nature et le cosmos.

Deux mondes s'affrontent, qui sont les deux faces d'une seule médaille : d'un côté le progrès, l'économie, le marché; de l'autre la transcendance, l'empathie et la santé. L'un ne va pas sans l'autre.

L'humanité dans son développement arrive à un moment charnière de son évolution. Après tant de tourments, de tumultes et de guerres, elle a su créer les conditions d'une vie plus apaisée et plus civilisée. Cependant, la spiritualité est à l'épreuve du matérialisme. Deux mondes s'affrontent, qui sont les deux faces d'une seule médaille : d'un côté le progrès, l'économie, le marché ; de l'autre la transcendance, l'empathie et la santé. L'un ne va pas sans l'autre. Le curseur doit être placé sur les axes prioritaires sans que les équilibres sensibles de nos organisations n'en soient rompus. L'homme doit retrouver sa place centrale, non pas au service de ses propres besoins matériels, mais dans l'intérêt de la résilience et de l'harmonie retrouvée avec lui-même, ses semblables et son environnement.

Au XXIe siècle, l'empathie est un enjeu majeur pour l'humanité : comprendre les émotions d'autrui nécessite un esprit ouvert et altruiste. Savoir se mettre à la place de l'autre est valable individuellement mais aussi globalement, car cela s'applique à tout ce qui vit sur terre. L'empathie embrasse le vivre-ensemble, le respect du monde du vivant, du macrocosme au microcosme, la compréhension du sensible et du suprasensible.

Le progrès doit être au service de la vie sur terre et non l'inverse. Il doit fixer le cap sur un nouvel art de vivre en communauté, en revoyant à la base les modèles de domination en vigueur aboutissant à une société plus harmonieuse, solidaire et aimante.

· 6 ·
LA PUISSANCE DE LA FOI

Depuis ma plus tendre enfance, j'ai ressenti cet élan, et cette connexion avec une force supérieure qui nous porte et nous aide à agir. C'est dans l'action que j'ai rencontré la foi. Elle nous donne l'audace d'aller à la rencontre de notre destin et nous pousse à prendre des risques en explorant au-delà de l'existence. Partir à l'aventure, c'est se libérer de ses angoisses existentielles, de la pesanteur de son histoire personnelle et familiale. La foi brûle à l'intérieur, elle vous fait perdre le contrôle de la normalité. Libératrice, elle donne la confiance et la force de créer. La foi nous met à l'épreuve et renforce nos croyances. C'est une démarche initiatique, prenant parfois naissance à l'adolescence, cette période de doute et de construction de l'estime de soi.

La foi ne se vit pas par procuration. C'est une force supérieure qui nous guide, ouvre les portes de la connaissance, donne un souffle puissant à notre vie en créant un nouveau paradigme fondé sur la confiance, la tolérance et l'amour. Le socle de cette confiance est la bienveillance envers soi-même et les autres. En acceptant notre incarnation et ses imperfections, nous apprenons à nous pardonner les erreurs et les échecs.

Chaque jour qui se lève, chaque matin est une page blanche à remplir avec enthousiasme, courage et légèreté. La foi est un véhicule permettant de démarrer la journée en connexion avec son esprit. Par la méditation, la prière ou le recueillement, l'être humain se recentre sur son moi intérieur, ce qui libère les énergies et les pensées créatives. Cet état de conscience permet de cultiver la pensée positive, quelles que soient les difficultés antérieures.

À tout moment, sur le chemin, par la force de la volonté et l'ouverture des cœurs, nous pouvons rencontrer l'autre, créant ainsi les conditions d'une journée fructueuse en accord avec nos pensées. Deux principes s'affrontent ici tout en se complétant : d'une part la raison, fondée sur l'intelligence, la connaissance et les sciences, et d'autre part la foi, ce souffle de Dieu révélé à l'homme.

Le premier principe repose sur le socle du doute, de la recherche de vérité et du scepticisme. Le second s'appuie sur des démonstrations et des certitudes, parfois temporaires et en évolution. Les religions développent le concept d'altérité radicale du monde, dont Dieu est l'unique créateur. Pour Socrate, Platon ou Aristote, pères de la philosophie, la foi n'est pas métaphysique. Elle n'a pas de connotation religieuse et s'appuie sur la confiance et la connaissance du monde réel. Platon va plus loin en distinguant le monde visible réel et le monde intelligible, celui des idées, dotées d'une nature inférieure ou supérieure.

La vie a-t-elle un sens, ou est-ce l'homme qui donne du sens à sa vie ?

À cette question existentielle, les premiers théologiens tentent une réponse qui relie la philosophie au sacré en donnant à la foi une dimension intellectuelle et rationnelle passant par la confiance en Dieu. Ainsi, foi et confiance sont les deux forces d'une même conception, structurant la pensée grecque.

Les religions monothéistes ont affirmé un postulat radicalement différent, reposant sur un Dieu créateur tout-puissant. En tant que puissance supérieure, la foi est incompréhensible pour l'homme. Elle est un don divin, une offrande, une force en mouvement qui crée, transcende, et donne du sens à l'organisation de l'univers, hiérarchisant les dimensions terrestres et célestes. Les doctrines hindouistes et bouddhistes mettent en avant le karma, c'est-à-dire le substrat des actes effectués pendant l'incarnation, et insistent sur la possibilité d'atteindre l'éveil.

Pour le Bouddha, la vie n'a pas de sens : cet état de conscience doit libérer l'humain des souffrances causées par nos attachements.

La longue évolution de l'humanité, le développement des capacités cognitives et affectives, la sédentarisation et l'éducation ont favorisé l'émergence de plusieurs formes de spiritualité et de courants de pensée. L'*Homo sapiens* s'est élevé en s'affranchissant des tâches primaires telles que la cueillette pour développer des organisations sociétales laissant la place au développement personnel, à l'émancipation et plus tard à la démocratie et à l'autodétermination. La science et la physique, et plus récemment le développement des pseudosciences telles que la parapsychologie ou l'étude des médecines alternatives ont libéré la créativité et stimulé la personnalité.

Les lois universelles, également appelées lois de l'attraction, propulsent la puissance de l'esprit comme un élément décisif de la façon dont chaque personne se détermine. La discipline et la volonté humaines, associées à des techniques cognitives, ont la capacité de transformer les pensées négatives ou autodestructrices en énergies et expériences positives. Ces techniques associent l'énergie du mental et de la psyché à la force spirituelle. La visualisation est utilisée pour modifier la qualité des émotions et faire ressentir la puissance énergétique des lois de l'univers.

L'obscurantisme des temps passés, par exemple dans l'Antiquité égyptienne et grecque, était lié à l'ignorance, à la peur et à la crainte des divinités. Plus tard, le dogme médiéval de l'Église sous son aspect le plus sombre, ou plus récemment la radicalisation de l'islam, ont prolongé une forme d'asservissement physique et mental. Cependant, l'accès généralisé à l'information, la mondialisation de l'économie, la circulation des personnes et des idées ouvrent une période passionnante pour l'humanité. Individuellement, les êtres humains sont souvent optimistes, mais collectivement le désarroi et le scepticisme l'emportent. Depuis cent cinquante ans, l'homme s'est émancipé et a incroyablement fait évoluer la vie sur terre. Cette période est unique dans l'ère moderne. Elle a fait naître de l'enthousiasme, de la créativité, des richesses, du bien-être, et a permis de conceptualiser l'anthropologie. La science, la recherche, l'information ont également contribué à la généralisation de l'éducation, de la culture et de l'hédonisme.

Le temps nous échappe : il prend une dimension relative dès que l'on se projette dans l'univers. Il est un concept qui rythme notre vie, nous enferme dans le temporel et dans une atrophie de la pensée.

L'intelligence artificielle et la prépondérance des ordinateurs nous plongent dans une nouvelle ère. Le monde virtuel, numérisé, s'annonce comme un défi pour les êtres humains. Le libre arbitre, la pensée, la démocratie ne sont en rien acquis si les hommes faiblissent sur leur souveraineté et leurs droits inaliénables de décider et d'agir par eux-mêmes. La liberté d'expression et de penser nous a été léguée par des êtres courageux et déterminés à offrir un monde meilleur aux générations suivantes.

Nous sommes au bout d'un cycle frénétique avec la puissance nucléaire d'un côté et la force d'un virus de l'autre. Le danger est partout et nous alerte sur notre condition d'être humain. L'égoïsme, le pouvoir, l'argent et la gloire ne sont que vanité. Notre espérance de vie nous autorise au mieux d'en profiter mais nous ne garantira jamais l'immortalité.

Le temps nous échappe : il prend une dimension relative dès que l'on se projette dans l'univers. Il est un concept qui rythme notre vie, nous enferme dans le temporel et dans une atrophie de la pensée.

La société du loisir actuelle a exacerbé ce mode de vie individualiste, fondé sur le travail et les voyages. La place laissée à l'éveil spirituel doit être reconsidérée et régénérée. La crise de la foi traditionnelle, construite sur la pratique du culte, affaiblit certaines religions, en particulier dans les pays dits développés. L'élan spirituel demeure présent et vivifiant en Afrique et en Amérique du Sud. En Chine, la pensée confucéenne a laissé la place à l'individualisme et à la volonté farouche de réussite professionnelle.

Globalement, les êtres humains sont interconnectés et informés en temps réel de tout ce que produit le monde extérieur. Cette boulimie de communication a modifié les comportements humains et développé des réactions impulsives et sans fondement. L'addiction aux médias numériques et à ses immenses catalogues de services annihile toute force d'intention et laisse la place au conditionnement et à la force de l'habitude. La lumière incarnée par les philosophes et les scientifiques – Voltaire, Rousseau ou Newton – et le divin transcendant révélé par les religions sont menacés par les ténèbres de la pensée unique et asservissante.

L'être humain ne peut pas abandonner la liberté sur l'autel de la sécurité. Seul un éveil spirituel peut lui donner la force de sortir de la torpeur actuelle, sclérosante et déprimante, liée au confinement dans de nombreux pays et à la peur amplifiée par certains médias. Nous devons nous interroger individuellement et collectivement sur le sens de notre vie sur terre, nos droits de citoyens et notre devoir envers la nature et les générations futures.

Au-delà de la vie terrestre, la question de notre multidimensionnalité est essentielle. Le matérialisme durcit l'humanité et développe la cupidité, l'arrogance et les réponses à court terme. La spiritualité favorise la communion d'esprit, la solidarité et la vision à long terme. Les systèmes économiques actuels construits sur le marché montrent leurs limites. Il a suffi d'une longue période d'inactivité liée à la pandémie du coronavirus et le monde est entré dans une récession temporaire.

L'être humain est devenu l'esclave d'un système, le prisonnier d'une chimère qu'il a lui-même créée.

La crise de 2008 n'était rien comparée à celle qui a demarré en 2020. L'humain doit retrouver sa place au centre du jeu et des préoccupations de chacun. Certes, nous avons profité, depuis la fin de la Seconde Guerre mondiale, d'une période dorée pendant laquelle la libération des mœurs, la circulation des biens et des services et l'innovation ont connu une croissance exponentielle. L'émergence de la classe moyenne était la garantie d'un modèle pérenne. Depuis quelques années, on assiste à une concentration du capital et à un effritement des classes intermédiaires. Le danger guette, et les peuples sont déboussolés, car la rapidité et la violence des changements ne leur laissent plus le temps de s'adapter. Le bonheur, l'insouciance, le progrès consenti laissent la place à l'anxiété, l'insécurité et à la peur du lendemain. La pression sur chaque individu est énorme. Les chefs d'entreprise visionnaires ont la responsabilité de rassurer les équipes, de les former constamment, et de les aider à appréhender leur métier de manière holistique.

Les chefs d'entreprise visionnaires ont la responsabilité de rassurer les équipes, de les former constamment, et de les aider à appréhender leur métier de manière holistique.

Seuls l'éveil spirituel et la prise de conscience transcendant notre être profond en accord avec le sens de notre existence peuvent garantir

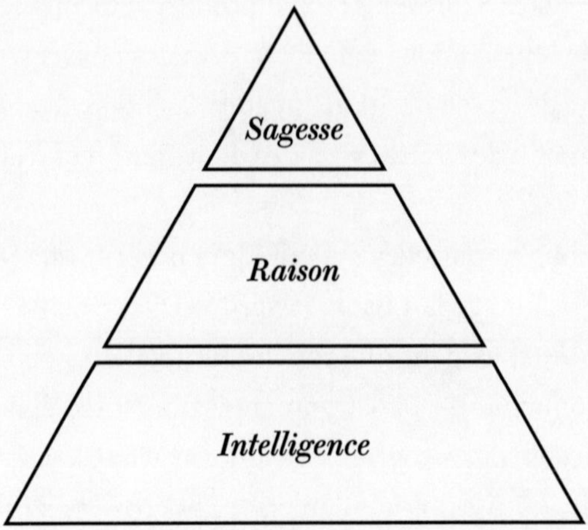

• STRUCTURE DE LA PENSÉE •

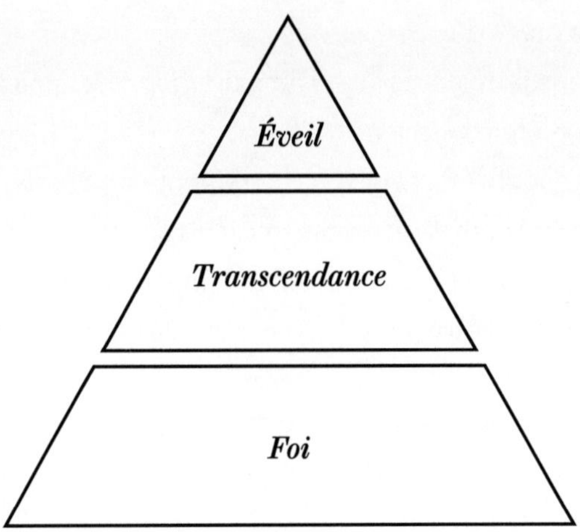

• OUVERTURE SPIRITUELLE •

un équilibre stable et une joie de vivre durable. Ce travail est fondamental pour ceux et celles qui veulent comprendre leur mission sur terre, la signification de leurs actions et la force de leurs pensées.

À l'apogée de la civilisation grecque antique, les débats étaient favorisés, menant à des joutes verbales dont Platon et d'autres nous ont laissé la trace.

Des questions essentielles étaient alors posées : tenter d'y répondre exigeait de réfléchir sur la raison, la vérité et le principe de liberté. Les temps actuels, eux, exigent une réponse immédiate, ne laissant pas de temps au raisonnement ni à l'argumentation. Notre époque court à la vitesse des bits et des programmes informatiques. La seule réponse tangible et efficace à cet emballement passe par le développement de l'intuition et de la connexion avec la puissance universelle.

La force du mental doit laisser la place à un esprit nouveau, connecté au plan divin. Cette mutation exige le lâcher-prise et l'abandon des systèmes de pensées dépassées.

Nous devons faire corps avec l'âme du monde, si nous voulons vivre heureux et en pleine conscience.

La nature est plus forte et plus intelligente que nous. Elle se renouvelle et reprendra tôt ou tard le contrôle. De plus en plus d'êtres humains souhaitent des changements ne voulant plus vivre dans le vide sidéral lié à l'avoir et non à l'être.

Le livre de Daniel, dans l'Ancien Testament, décrit des événements débutant sous le règne de Nabuchodonosor, roi de Babylone en 605 av. J.-C. Daniel, en tant que sage, est convoqué pour interpréter les rêves du roi. Il demande du temps et prie afin d'obtenir les faveurs de Dieu. La nuit suivante, son vœu est exaucé et, dans une vision, le secret des rêves lui est révélé.

Daniel s'apprête à dévoiler l'avenir de l'Empire mais aussi à donner un aperçu des événements mondiaux pour les prochains millénaires :

« Toi, ô toi, tu regardais et voici : une certaine image immense. Cette image qui était grande, et dont l'éclat était extraordinaire, se tenait en face de toi, et son aspect était terrifiant. Quant à cette image, sa tête était en bon or ; sa poitrine et ses bras étaient en argent ; son ventre et ses cuisses étaient en cuivre ; ses jambes étaient en fer ; ses pieds étaient en partie d'argile modelée. Tu as continué de regarder jusqu'à ce qu'une pierre ait été détachée, non par des mains, et elle a frappé l'image sur ses pieds de fer et d'argile modelée et les a broyés. À ce moment-là, le fer, l'argile modelée, le cuivre, l'argent et l'or furent, tous ensemble, broyés et devinrent comme la balle qui s'élève de l'aire de battage d'été, et le vent les emporta, si bien qu'on n'en trouva aucune trace. Quant à la pierre qui avait frappé l'image, elle devint une grande montagne et remplit toute la terre. » (Daniel, 2, 31-35.)

La période dorée représente l'Empire babylonien, qui s'effondra en 539 av. J.-C. pour laisser la place à la puissance médo-perse, dominant jusqu'en 331 av. J.-C., puis à Alexandre le Grand, créant le grand royaume grec jusqu'à l'arrivée des Romains trente ans avant notre ère.

L'organisation romaine a perduré longtemps, avant de laisser la place à la domination anglo-américaine à partir du XVIIIe siècle. Les deux guerres mondiales et le développement économique de la Chine, de l'Europe et de la Russie ont divisé le monde et réparti les influences et le pouvoir politique entre les nations. L'image des pieds de fer et d'argile symbolise la division actuelle des gouvernements de la planète, ainsi que la méfiance des peuples envers leurs élus.

Cette crise existentielle profonde et le doute suscité par les dérèglements climatiques, économiques et politiques, créent des tensions et engendrent des replis, de l'autoritarisme et une angoisse généralisée.

Nous allons droit dans le mur si nous ne changeons pas et ne créons pas un nouveau paradigme. L'humanité doit s'affirmer et se réinventer et créer des conditions de vie équitables et résilientes pour l'ensemble des peuples et des individus. C'est un défi inédit.

La crise de la Covid-19 nous ramène à l'humilité : elle prouve que nous sommes bien un colosse aux pieds d'argile, comme dans la prophétie de Daniel. La réponse à cette période difficile mais passionnante passe par un développement spirituel de l'humanité et une prise de conscience du sens de la vie, en opposition avec le matérialisme.

Nous ne sommes propriétaires de rien : au mieux locataires ou gestionnaires pendant un temps défini. La planète qui nous accueille et offre ses merveilles s'inquiète de nos attitudes irrespectueuses du vivant. La fuite en avant suicidaire, l'appât du gain immédiat, la consommation galopante d'énergies fossiles ainsi que la délocalisation de toutes sortes d'activités jettent le trouble sur notre organisation séculaire.

L'agressivité des systèmes de décision, la déshumanisation des places de marché et la crise de gouvernance contribuent à déboussoler nos décideurs et à privilégier le court terme alors que la vie est une course de fond. Le *stock exchange*, le Nasdaq, le CAC 40, la City de Londres ont imposé au grand capital un rythme trimestriel pas toujours conforme avec une vision à long terme. Tenter de séduire les présidents de groupes cotés en Bourse pour doper leurs cours et plaire aux actionnaires conduit à des prises de décision parfois contraires aux intérêts des sociétés concernées et de leurs employés.

Certes, le monde idéal est une utopie, car l'esprit humain, le besoin d'affirmation, la volonté de conquête, entretiendront toujours les appétits les plus aiguisés. Cependant, une certaine forme de régulation permettrait de tempérer cet univers débridé, donnant du souffle et de la résonance aux esprits généreux pour créer un monde plus sûr, plus juste et plus stable.

Ce monde meilleur sera véritablement spirituel, orienté vers une prise de conscience de notre multidimensionnalité et une ouverture des cœurs.

Ainsi soit-il.

•7•
ÊTRE MULTIDIMENSIONNEL

Le processus de création de l'univers jusqu'à ce jour demeure un mystère que des chercheurs ont essayé d'expliquer en apportant des réponses partielles et plus ou moins cohérentes. Deux écoles s'affrontent : celle laissant la part de mystère à la charge de Dieu et celle des athées ou agnostiques, s'appuyant sur la théorie du Big Bang. Planck s'est rapproché de cet instant ou l'univers s'est engendré pour ne plus cesser de s'accroître. La pensée humaine éclairée reconnaît que cette harmonie parfaite et cette organisation prodigieuse dépassent l'entendement et l'intelligence.

L'intellect différencie les êtres humains des animaux. La conscience et le verbe procurent aux hommes des facilités incroyables et inégales en fonction des personnalités. Le volume du cerveau depuis l'ère néandertalienne, sur une période de plus de quatre cent mille ans, s'est considérablement développé engendrant des évolutions comportementales. Il a fallu d'abord beaucoup de temps à l'homme pour se redresser et passer d'une position à quatre pattes à une station en équilibre sur les pieds. Puis, la sédentarisation des familles, la découverte de l'agriculture et la maîtrise du feu ont permis une avancée spectaculaire. La vie s'est organisée en communauté et l'Homme a poursuivi son processus d'évolution, développant ses capacités de réflexion et de mémorisation. Des règles de vie, certes rudimentaires, ont pu être établies ainsi que la célébration des rites et des traditions. Pendant cette période, l'homme agissait par instincts. C'était un être primitif, doté d'un coefficient d'intelligence très limité. Au cours d'une évolution très lente, l'être humain a appris à vivre en sécurité en répartissant ses besoins alimentaires entre chasse, cueillette et récoltes.

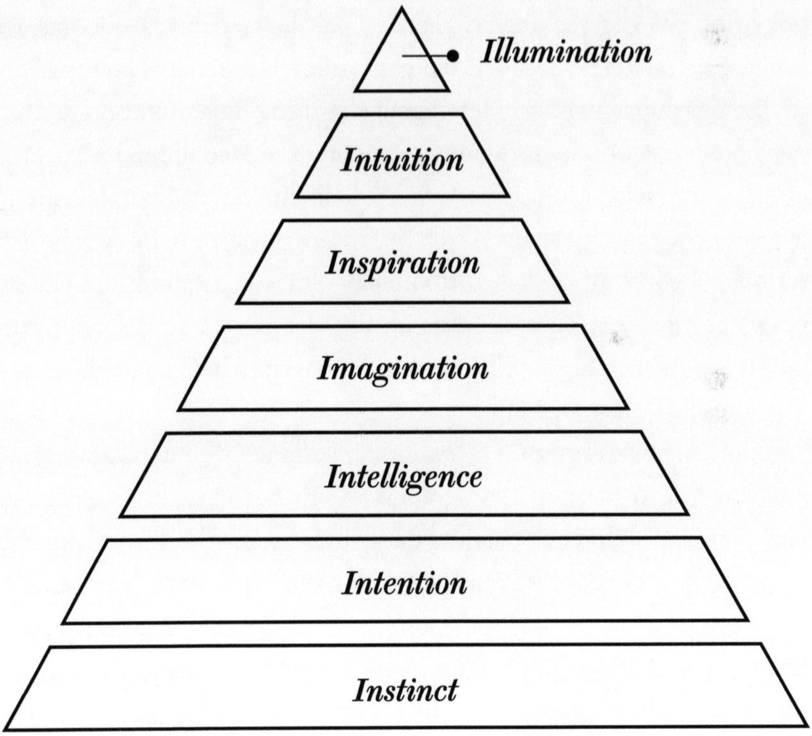

• PYRAMIDE DE LA TRANSCENDANCE •

Vers la fin du paléolithique, l'homme développe la force de l'intention. C'est le début du raisonnement, de la planification, de la mise en forme des idées et du rapport au temps. L'intention affirme la volonté, les convictions et la personnalité. L'homme de Tautavel, découvert et étudié par Henri et Marie-Antoinette de Lumley, remonte à la période acheuléenne du paléolithique inférieur, soit à cinq cent mille ans avant notre temps. Les recherches menées par leurs équipes ont mis en lumière les modèles successifs d'organisation des premiers hommes.

Le développement de l'intelligence entraîne une évolution de l'espèce humaine, qui, inexorablement, commence à comprendre les processus universels, son rapport avec les éléments – terre, eau, feu, air –, la présence de la Lune dans le ciel, l'existence du cosmos. Le rythme des saisons, la course du soleil, l'attente des pluies engendrent des rituels et des croyances. L'homme franchit ainsi les portes de l'esprit. Cette ouverture lui révèle sa propre multidimensionnalité. Il améliore ses capacités de sensorialité et de conscience.

L'intelligence structure l'être humain, donne du contenu au raisonnement, à la théorie et à la démonstration. Les capacités de chaque personne sont différentes, mais comme un muscle, elles s'entretiennent en particulier pendant les études. Certains en sont mieux pourvus que d'autres dès la naissance et disposent d'un potentiel plus important. Dans nos sociétés modernes, les capacités intellectuelles sont un critère de détection et de sélection, orientant la jeunesse vers des carrières spécifiques.

La prise de conscience des capacités, alliée à une détermination éprouvée, crée des êtres à très haut potentiel. L'intellect est le socle de notre évolution et ouvre la porte à la transcendance : il a pris une place prépondérante et a parfois tendance à vouloir réguler la marche du monde.

Les équilibres entre divers types d'intelligence sont subtils. On sait qu'à chacun de nos hémisphères cérébraux correspond un fonctionnement spécifique : logique et rationnel à gauche, synthétique et intuitif à droite. Les « cerveau gauche » sont plus actifs et excellent dans l'analyse, la recherche, l'organisation et la méthode en éprouvant parfois des difficultés à se détacher de leur mental. Les « cerveau droit », eux, s'affranchissent plus facilement de l'intellect en faisant confiance à leurs sensations. Ils sont naturellement plus enclins à donner libre cours à leurs pensées et à se projeter dans l'avenir. Le *corpus callosum* (corps calleux) établit le lien entre les deux hémisphères et facilite l'harmonie psychique.

> *Ouvrir la porte sur son être intérieur, ses aptitudes et ses carences, est un acte de courage, la première étape vers la libération de l'énergie et du potentiel.*

En fonction des aptitudes de chacun, il est important de discerner finement ses qualités intrinsèques. L'équilibre consiste à renforcer ses points forts et à gommer ses difficultés afin d'optimiser son potentiel. Cette démarche volontaire nécessite tout d'abord une prise de conscience individuelle. Elle est efficace si le déclic se produit entre vingt et trente-cinq ans, quand l'être est suffisamment mature pour intégrer le *moi,* garant de son individualité et de sa singularité. On peut faire ce parcours seul, de manière empirique, en se fondant sur l'observation, le ressenti et l'introspection. Il peut être utile de faire des tests de personnalité aboutissant à un bilan de compétence qui mettra en valeur les capacités individuelles.

Ouvrir la porte sur son être intérieur, ses aptitudes et ses carences, est un acte de courage, la première étape vers la libération de l'énergie et du potentiel. L'éducation familiale n'est pas aboutie, mais elle constitue, dans la majorité des cas, une base permettant l'envol de la personnalité après l'adolescence. Pour le poète libanais Khalil Gibran, l'éducation consiste à préparer les enfants à quitter la maison :

> *Vos enfants ne sont pas vos enfants*
> *Ils sont les fils et les filles de l'appel de la vie à elle-même*
> *Ils viennent à travers vous mais non de vous*
> *Et bien qu'ils soient avec vous, ils ne vous appartiennent pas.*
> *Le Prophète*, chapitre IV.

Chacun fait ce qu'il peut avec plus ou moins de succès. À l'âge adulte, un devoir d'inventaire s'impose, évaluant l'apprentissage scolaire et familial et les axes d'effort nécessaires pour devenir une meilleure personne. Ce processus structurant, effectué sur quelques années, guérira les blessures, les peurs, et parfois les névroses.

L'intelligence émotionnelle utilisée en conscience est absolue pour une vie réussie. *A contrario*, quand l'ego reste le guide, elle produit des êtres manquant de sensibilité et d'empathie, orientant leur vie monotone vers un idéal matérialiste. L'intelligence au service de l'humanité favorise le passage entre mental et esprit mais aussi entre univers fini et infini.

Le monde d'aujourd'hui, en état d'ouverture maximale, fait face à des problématiques nouvelles ne pouvant être résolues par un modèle de pensée depuis longtemps éprouvé. Il faut imaginer sur la planète Terre un nouveau modèle de vie.

Pour Freud, l'interprétation des rêves est la voie royale menant à la connaissance de l'inconscient. Pendant notre sommeil, le mental laisse place à nos capacités oniriques. Elles nous projettent dans l'inconscient de notre être et nous connectent à un monde extrasensoriel. Pour mesurer l'intérêt d'un rêve, on peut en évaluer la nature. Selon l'historien arabe Ibn Khaldoun, il existe trois sortes de songes : ceux venant de Dieu, des anges ou du diable.

« Les rêves clairs sont d'origine divine. Les songes allégoriques sont d'origine angélique. Et les rêves confus sont d'origine démoniaque parce qu'ils sont vains et que Satan est la source de la vanité. » De même, les grands mystiques chrétiens et les écrivains, jusqu'à nos jours, se rejoignent sur les différents états. La psychologie moderne, quant à elle, a introduit le concept de sommeil paradoxal afin de différencier les périodes structurant les rêves et d'améliorer leur perceptibilité. « S'il y a parmi vous un prophète, c'est en vision que je me révèle à lui, c'est dans un songe qui je lui parle » (Nombres 12, 6).

Socrate, Platon et Aristote ont écrit sur les rêves, leurs origines et leurs significations. Homère avait maintes fois utilisé le rêve pour décrire les communications entre dieux et humains. Les chamanes, aussi, accordent une grande importance aux rêves, cherchant à retrouver cet état de conscience par des rituels sacrés. Ils ont mis en avant, ainsi que les anciens Égyptiens, la notion d'un double propre à chaque individu. Durant le sommeil, l'âme-esprit aurait la capacité de quitter le corps terrestre afin de se reconnecter avec son double et de recueillir ainsi des prémonitions, des messages lui permettant d'avancer sur son chemin et mettant en forme de nouvelles idées.

Loin de se limiter aux rêves, aux songes et aux visions, l'imagination pour Aristote, fait appel à l'intelligence. Pour Rudolf Steiner, dans le monde spirituel, le regard devient imagination et développe la clairvoyance. Elle occupe une place centrale dans la pyramide transcendantale de l'homme, car elle établit le lien entre le mental et l'esprit, la raison et le divin. La spiritualité augmentera si l'humanité ouvre son cœur à un élan généreux et altruiste. Cet accès peut être libéré par une éducation consciente et une volonté d'autonomie.

L'imagination s'exprime dans la temporalité. Saint Augustin la caractérise en distinguant la reproduction (le présent), l'imitation (le passé) et la préfiguration (le futur). En pleine conscience, l'être humain peut percevoir l'image présente et la reproduire. L'imitation est un processus dont la racine trouve sa place dans la mémoire. La capacité à anticiper permet la révélation de concepts, idées, ou visages, préfigurant ce qui peut arriver.

L'imagination stimule la créativité et l'inventivité. Les artistes de la Renaissance, poètes, peintres et sculpteurs, ont œuvré à ce mouvement, symbolisant le passage d'une période sombre et mortifère à un élan d'enthousiasme et de forces créatrices. Elle peut être développée consciemment pendant la journée (rêve éveillé) ou en état de suprasensibilité. Tout être possède un niveau de sensibilité singulier pouvant être déclenché par le silence, la méditation, la prière ou l'état de pleine conscience. Certains, dotés de capteurs très aiguisés, perçoivent sans trop d'effort. Ils sont capables d'anticiper les phénomènes et les évolutions de notre planète, de notre société et, sur un plan plus intime, de l'âme humaine.

Il apparaît clairement que le XXIe siècle marque le début d'un cycle nouveau, passant de l'individualisme forcené et matérialiste à un élan de paix, d'amour et d'harmonie avec la nature, exigé par les jeunes. Nous assistons à un choc intergénérationnel inouï et violent. Les priorités des *millenials* ne sont clairement pas les mêmes que celles des détenteurs actuels du pouvoir. L'entrée dans cette nouvelle ère, essentielle pour la planète, sera conceptualisée par ceux et celles qui arrivent aujourd'hui à l'âge adulte, inspirés par des nouveaux modèles d'organisation, favorisant l'économie circulaire, la réduction de l'empreinte carbone, et animés par un besoin de solidarité et de bien-être. Les inégalités actuelles ne permettent pas de généraliser ces concepts ni même de hiérarchiser les priorités. C'est un nouveau processus trouvant sa source d'inspiration dans une dimension plus spirituelle. L'accomplissement des nouvelles générations passe par la compassion, qui transcende sa propre existence et participe à celle des autres.

On assiste à un revirement de tendances : l'égoïsme et l'égocentrisme exacerbés laisseront la place à des valeurs communes fortes provenant d'une conscience plus élevée. C'est une évolution intéressante et profonde, qui va modifier durablement les priorités de chacun. Le combat entre l'ancien monde et le nouveau a démarré.

Les progrès des cent dernières années ont été extraordinaires aux niveaux économique, social, culturel et éducatif, mais aussi pour la science, la recherche et la connaissance de l'univers. Au terme de cette période, nous avons cependant consommé plus d'énergie que toutes les autres générations confondues et nous avons atteint, voire dépassé, les limites à partir desquelles la survie de notre espèce est menacée : démographie galopante, longévité, exploitation accrue des ressources de la planète. Clairement, la nature souffre des activités humaines. L'homme doit retrouver au plus vite une harmonie avec les écosystèmes sous peine de drames de plus en plus fréquents : incendies, sécheresses, manque d'eau, températures excessives, tsunamis, tornades...

Les cataclysmes renforcent de surcroît les inégalités entre les plus riches et le reste de l'humanité. Nous vivons aujourd'hui dans un monde ouvert, connecté, mais de plus en plus dur et agressif pour les plus faibles et les plus démunis. Chaque être humain a droit à un air de qualité et à une eau saine et propre. Même ces deux besoins fondamentaux ne sont pas garantis, car, dans de trop nombreux pays, l'eau est rare et parfois impure à la consommation. Dans les mégalopoles, la pollution et les pics de chaleur produisent un air de mauvaise qualité.

Certes on peut, pour une somme modique, utiliser sa tablette ou son smartphone. Ce progrès important informe les peuples et favorise la vulgarisation des principes de démocratie. Il est cependant dommage que la connexion à la machine et à la matrice universelle - Internet, le monde virtuel - ait parfois remplacé le ressenti des forces de la nature - le monde du réel.

Retrouver un équilibre, s'éveiller à la beauté du monde est un acte authentique qui donne un sens profond à la vie et hiérarchise les priorités. L'homme peut réactiver ses capacités de connexion avec les forces supérieures, celles régissant la Terre et le système solaire. Si nous acceptons d'ouvrir les portes de notre esprit au surnaturel, l'inspiration nous sera donnée par le souffle de Dieu qui nous guide. Nous avons tous besoin d'un élan transcendant et une exigence de vérité. L'homme n'est pas une machine ; il ne doit pas devenir un être augmenté ou un robot.

Il est urgent de se poser les questions relatives à notre présence sur terre et au but de notre vie afin de rechercher la plénitude.

L'intelligence et la raison ont permis d'organiser un savoir-vivre et un savoir-être. Le salut de l'homme, l'alpha et l'oméga de notre vie, le credo, passent par la connaissance des vérités essentielles que révèle le message de Dieu. Les premiers scribes, pour écrire les versets de la Bible, ont été inspirés et connectés à cette force surnaturelle. Cette exaltation leur a permis d'aller au-delà de leurs connaissances et de retranscrire la parole divine. L'Esprit saint a soufflé sur eux. À travers les siècles, de nombreux écrivains ont été marqués par cette même énergie cosmique. Des prophéties ont été inspirées par cette puissance extraordinaire. Ézéchiel, au VIe siècle av. J.-C., a annoncé la destruction de Tyr et de Sidon, qui s'est réalisée en 1300 de notre ère. Beaucoup d'autres se sont également concrétisées. L'inspiration divine est source de vérité. Claire et limpide, elle fixe les principes des êtres humains. Elle guide leurs pas sur un parcours initiatique libérateur, marqué par l'espérance d'un avenir meilleur.

L'intuition, en connexion avec le Tout, renforce cette fonctionnalité. Elle ne passe pas par les filtres de l'analyse ou du raisonnement. Elle est immédiate et libère une énergie créatrice. Elle donne accès à une représentation fidèle du monde et à des sentiments qui sacralisent la vérité. Elle ne trompe pas et permet à l'homme de valider un processus de réflexion ou la pertinence d'une décision à prendre. Elle est de nature spirituelle, reliée à l'âme de chacun. Cette idée a été défendue par Platon, au contraire d'Épicure qui l'a reliée au corps. Selon Descartes, « il n'y a pas d'autres voies qui s'offrent aux hommes pour arriver à une connaissance certaine de la vérité, que l'intuition évidente et la déduction nécessaire ».

L'intuition, c'est l'essence même des choses.

Elle exige une ascèse, une préparation spirituelle qui seules peuvent créer les conditions propices à la révélation de la vérité et du chemin à suivre.

Elle est la source de l'illumination, l'aboutissement d'une voie spirituelle, que l'on peut atteindre une fois qu'on s'est libéré de l'ego et qu'on connecte son être tout entier avec le divin.

L'illumination engendre l'enchantement de l'âme. Tous les grands maîtres et les grands mystiques – Moïse, Élie, le Bouddha, Jésus, Mahomet – ont connu ce sentiment d'extase, cette joie profonde, cette ouverture du cœur, ce sentiment de plénitude, cette foi qui bouleverse et donne accès à une nouvelle naissance et à un sentiment d'éternité.

CHAPITRE III
LA LIBÉRATION DES SENTIMENTS

· 8 ·
SE LIBÉRER DE LA PEUR

La peur est une émotion se manifestant, à des degrés d'intensité divers, sous forme de prudence, méfiance, inquiétude, crainte, phobie, anxiété, frayeur, panique, cauchemar, horreur, terreur, psychose, paranoïa, délire. Ces mots décrivent des états passagers ou permanents que connaissent les animaux, les êtres vivants, jusqu'à l'écosystème tout entier.

L'obscurantisme du Moyen Âge, lié à l'ignorance, la pauvreté et l'hégémonie d'un système de croyance, a durablement installé dans le monde des mécanismes liés à ce sentiment généralisé. On peut remonter plus loin dans les sociétés anciennes et jusqu'à la préhistoire, qui cultivait déjà toutes sortes de phobies liées aux phénomènes naturels : incendies, tempêtes... Petit à petit, l'amélioration des conditions de vie et la compréhension du monde ont contribué à éloigner les peurs collectives.

Un peu partout, les sociétés actuelles sont le résultat de luttes menées pour obtenir des lois ou des décrets, par exemple en France la Déclaration des droits de l'homme et du citoyen en 1789. Cette avancée décisive a ouvert une nouvelle voie. Le XIXe siècle, par la suite, marquera un tournant décisif dans la prise en considération de l'individualité et du respect des droits les plus élémentaires de tous.

Au cours de cette période, l'accès aux produits de l'agriculture, l'industrialisation et le développement des infrastructures ont favorisé un essor libérateur. La sécurité a progressé, le bien-être est devenu un concept durable. Chaque jour, chaque année, chaque décennie ont confirmé cet épanouissement et donné un nouvel élan à l'humanité. Cette évolution a intégré l'individu dans sa diversité – races, sexes, couleurs, traditions, cultures, religions, éthique –, créant des conditions nouvelles favorables à l'épanouissement des personnes et à la libération des peuples. En stimulant le génie humain, elle a ouvert les portes d'une nouvelle ère.

Alors que l'énergie procurée par le charbon et l'électricité ouvrait de nouveaux horizons et créait des besoins inédits, la Première Guerre mondiale interrompit cet élan en Europe, faisant ressurgir la noirceur. On crut d'abord y voir la dernière de toutes les guerres, mais les peuples redécouvrirent alors que la sécurité et la paix étaient des états fragiles et éphémères. Ensuite, le krach boursier de 1929 et la Seconde Guerre mondiale nous firent replonger dans la dépression. La vulnérabilité des institutions et du système bancaire eut temporairement raison de l'aspiration des peuples à de meilleures conditions de vie.

Les mécanismes de domination des régimes totalitaires prirent le contrôle d'une partie du monde occidental, tandis que, durant les Trente Glorieuses, le concept de démocratie luttait pour s'affirmer et se développer. La reconstruction des pays endommagés par la guerre, la circulation des personnes et de l'information favorisèrent le besoin émergent de libertés individuelles. Mai 1968 en France, Woodstock aux États-Unis sont des marqueurs, l'expression d'un désir de s'affranchir de systèmes de pensées existants, jugés trop pesants. Devenir soi-même, exister, éprouver cette sensation libératrice fut, en particulier pour les femmes, le point de départ d'une émancipation individuelle et collective. Le droit de vote pour tous, l'ouverture de l'Europe de l'Est, la généralisation de la démocratie ont engendré des modèles de vie tournés vers la modernité, le développement personnel, l'hédonisme et la pluralité des cultes. L'Amérique a affirmé son leadership mondial, la Chine s'est éveillée, l'Europe a considérablement élargi ses frontières et les pays de l'Est se sont émancipés de la tutelle soviétique. Certes, quelques pays comme la Corée du Nord ou les Philippines restent réfractaires à la notion de progrès et de liberté individuelle, mais globalement, les avancées sont significatives.

Depuis cinquante ans, la circulation des biens, des services et de l'information se développent. Les besoins de première nécessité sont assurés pour la majorité d'entre nous. L'éducation, l'accès à la culture, l'amélioration des conditions de travail et de l'égalité homme-femme modifient les comportements dans notre société. Les peurs collectives profondes, les dogmes de la pensée unique, la misère et la pauvreté cèdent la place à la croissance, au bien-être, à l'information continue, mais aussi à l'apparition d'une certaine forme de nihilisme. Comme l'homme moderne s'inscrit en opposition à l'ancien monde, les valeurs familiales traditionnelles, le respect des institutions, la vision académique de nos organisations, les modes de pensée normatifs ont cédé le pas à l'individualisme, la libération sexuelle, l'argent roi et à la crise de la foi. Tout devrait, à ce stade de notre évolution, nous libérer de la peur, mais qu'en est-il vraiment ?

Nous sommes dans un âge de fer, dur, exigeant, où se développent des comportements agressifs, anxieux, stressés. Toutes les formes de peur refont surface et créent les conditions favorables à la réapparition de régimes autocratiques fondant leur idéologie sur la dualité entre le bien et le mal. Le terrorisme international sous sa forme idéologique amplifie ce sentiment de peur. C'est justement son objectif, car les réactions disproportionnées des États et la médiatisation des événements lui offrent une campagne de communication mondiale gratuite, positionnant quelques centaines de personnes sur l'échiquier de la terreur. Si nous réagissons avec plus de modération et de calme, nous combattrons plus efficacement ce problème et nous le mettrons hors d'état de nuire.

La complexité des êtres humains, le sens profond de la vie, la transcendance, la volonté de transparence, l'idéal de vérité, la peur du néant, la vie après la mort, la perte de la biodiversité, le réchauffement climatique, l'explosion démographique, etc., sont autant de sujets qui nous interpellent chaque jour, suscitant le doute et la mise en question de nos habitudes, de nos croyances et de nos priorités. Certes, la psychologie, la psychiatrie peuvent apporter des réponses aux névroses et aux psychoses, mais le développement de l'individualisme au sein de notre société, les familles monoparentales, l'éloignement du milieu familial ont amplifié ce sentiment d'insécurité et la tension palpable en résultant.

La compétition est omniprésente. Il y a de plus en plus de gagnants mais aussi de perdants ou de laissés-pour-compte. L'hypermédiatisation des héros contemporains, qu'ils soient sportifs, politiciens, chefs d'entreprise, artistes ou philanthropes, crée des icônes et des modèles. Les personnes deviennent des marques lançant des campagnes promotionnelles d'envergure mondiale pour vendre une idée, des biens ou des services.

Dans notre société d'abondance, ce modèle consumériste effréné renforce nos désirs, nos exigences, développant des frustrations causées par l'envie, le besoin de se comparer et de se sentir adoubé par la communauté. Nous assistons à une standardisation des goûts, des mentalités et des outils et une uniformisation de nos comportements. Il est de plus en plus difficile d'être différent, d'assumer sa personnalité, de sortir de la norme imposée par le monde globalisé. Le besoin de sensations fortes est parfois assouvi par les drogues. Le cannabis, la cocaïne, l'héroïne circulent facilement, se jouant des interdictions. La remise en question permanente, la promotion continuelle de nouveaux produits perturbent les personnes en mal de reconnaissance. Les besoins générés par la publicité dès le plus jeune âge ont développé le désir d'appartenir à un club conformiste et standardisé. Les dernières chaussures de Christiano, la tenue de Kim, le make-up de Riri, les jeans de Naomi et le nouveau smartphone d'Antoine sont déjà dans la liste de courses en ligne, n'attendant que le clic final pour être sur le seuil de la maison dès demain matin. La satisfaction découlant de cette mise aux normes, cette réinitialisation de notre apparence procurent temporairement un plaisir personnel entraînant un effet pervers : il s'inscrit dans une hystérie collective, développant la dépendance à la standardisation normative et, plus subrepticement, à un abandon du concept d'individualité.

C'est à l'être humain de choisir d'une part entre conformisme, conditionnement et aliénation, et d'autre part prise de contrôle de sa vie, neutralisation des émotions négatives et déprogrammation des peurs individuelles et collectives.

La crise de l'identité est au cœur des problématiques du XXIe siècle.

Pourtant, des hommes et des femmes ont lutté, parfois au péril de leur vie, pour obtenir une société plus juste, plus équitable et le droit de prendre en main sa propre destinée. C'est à l'être humain de choisir d'une part entre conformisme, conditionnement et aliénation, et d'autre part prise de contrôle de sa vie, neutralisation des émotions négatives et déprogrammation des peurs individuelles et collectives.

La peur et la violence répondent à des mécanismes psychiques complexes et agissent différemment sur chaque personne. La vie est une longue quête pour ceux qui décident de se libérer de leurs névroses et cherchent une voie nouvelle en prenant soin de leur être intérieur et de leur beauté. Cette quête de confiance est un parcours semé d'embûches, un élan existentiel tourné vers le sens de la vie, la complexité de notre incarnation, la libération de l'ego, la gestion des émotions et la prise de contrôle de nos pensées.

Pour améliorer nos connaissances et faciliter notre quotidien, la technologie doit être à notre service et non intrusive. Chacun apprendra à fixer des limites, à acquérir la discipline et la rigueur comportementale requises. Cette lutte est noble et fondamentale pour nous reconnecter à la source divine en chacun de nous, car l'être humain souverain est celui cherchant à s'élever spirituellement pour se connaître lui-même. Grâce à notre nature multidimensionnelle – corps physique, mental et spirituel – et par notre cœur, centre de notre personnalité, nous pouvons incarner la conscience universelle de la terre. Pour être en accord avec sa nature profonde, chacun peut découvrir lui-même les mystères de son existence. La souveraineté, c'est le droit fondamental de décider en pleine conscience de son propre chemin en accord avec les principes et les valeurs les plus élevés. Ce nettoyage libérateur passe par une redéfinition des principes de vie transcendants : éducation, religion, enseignement... La quête de soi exige de l'humilité et une force créatrice nouvelle, libératrice. Elle soulage l'ego et engendre une nouvelle dynamique résiliente nous aidant à reconquérir le pouvoir perdu, en accord avec nos paroles et nos actes.

Nous disposons du libre arbitre : il nous incombe de décider pour nous-mêmes en nous déprogrammant de l'enfer intérieur que nous avons créé. Nous devons le canaliser avant de faire émerger les forces de vie insoupçonnées qui sont en nous. La déprogrammation des peurs est une étape essentielle pour accéder à une meilleure compréhension du monde du vivant et de nos origines universelles.

En ouvrant cette porte, nous devenons maîtres de notre destin et nous donnons à notre vie un sens véritable.

• 9 •
DÉCIDER D'ÊTRE HEUREUX

Le bonheur n'est pas une idée ou un concept de vie formaté. Être heureux est un acte, un long processus d'intégration de différents paramètres dont certains sont maîtrisables et modifiables. Dès la plus tendre enfance, le bonheur arrive dans notre vie comme un mirage, une illusion, un miroir déformé de la réalité. Les parents, en particulier la maman aimante et porteuse d'un lien fusionnel, créent les conditions favorables à l'épanouissement du nourrisson. Les premiers mois de la vie sont un concentré de tout ce que les adultes recherchent éperdument : l'amour, le sourire, l'attention, l'affection, la confiance, la proximité, le soin du corps, le sentiment de plénitude et de protection. Pour la majorité des enfants, les bases du bonheur sont posées. Que se passe-t-il ensuite pour qu'il s'évapore et se perde si vite dans le tourbillon de la vie ?

Confucius, au ve siècle avant J.-C., avait établi dans sa grande sagesse un guide spirituel pour le bonheur. Ce philosophe enseignait à ses disciples les valeurs familiales, la connaissance de soi et la compréhension de la vie dans toute sa diversité. Il définissait la famille et la piété filiale comme le socle d'une éducation réussie et maîtrisée, fixant un cadre autour des valeurs universelles comme l'honnêteté, l'amour, la serviabilité, le respect, le pardon et la responsabilité.

Au-delà de ce référentiel commun, il est fondamental de comprendre la singularité de chaque humain, doté de capacités physiques, psychiques et mentales spécifiques et d'une personnalité unique. Deux enfants éduqués de la même façon par les parents présenteront des profils différents, qui s'affirmeront au début de l'adolescence et plus tard à l'heure des choix, conditionnant la vie et la carrière professionnelle.

Au cours de l'enfance, de l'adolescence puis de la jeunesse, la personnalité se développe, les talents et les potentiels se révèlent, les premiers parcours s'amorcent. Le passage à l'âge adulte se situe entre dix-huit et vingt-cinq ans, époque des premières responsabilités et des choix importants. À ce moment, une nouvelle ère commence, marquée par une rupture dans le sentiment du bonheur : c'est le temps de la quête de soi, de la première mise en question. Elle modifie la hiérarchie des priorités, surtout au sein de notre société moderne. La conquête sociale, la volonté de trouver sa place dans sa vie professionnelle engendrent stress, tension et doute. Cette période peut durer plusieurs décennies.

L'ambition, la volonté, le pouvoir, l'argent, la famille sont les facteurs clés d'une vie professionnelle et sociale réussie. Les circonstances exceptionnelles comme la perte d'un être cher, la maladie ou l'échec de tout ordre peuvent offrir la possibilité, malgré soi, de réfléchir sur son parcours. C'est à ces moments-là que la musique du bonheur commence à se faire entendre et que les véritables questions sur la vie sont posées, cherchant les réponses.

Réfléchir au bonheur, c'est se retourner sur le chemin parcouru avec sérénité et acceptation. Cela demande de l'expérience et une certaine clairvoyance.

Souvent, entre quarante et cinquante ans, l'être humain, prenant conscience de la finitude de l'existence terrestre, entame un nouveau chapitre de sa vie, plus personnel. Cette période charnière commence par une redéfinition de notre vie intime. La quête du sens devient alors un besoin urgent et vital. « La deuxième vie commence quand tu comprends que tu n'en as qu'une », écrivait Lao Tseu. Cette ouverture temporaire et parfois temporelle plonge l'être humain dans un tourbillon, un vortex cérébral, renforçant le doute et les angoisses. Compte tenu de la pression qu'exerce sur le caractère notre monde agressif et compétitif, la dépression peut se mettre de la partie. C'est le moment propice pour ouvrir la porte de la renaissance en explorant les fins fonds de notre âme et, délesté de la pesanteur de l'incarnation, en nous connectant à un univers suprasensible. Ce voyage libérateur s'effectue souvent la nuit, car le rêve permet d'entrevoir des espaces inconnus et parfois annonciateurs.

C'est quoi, le bonheur ?

Les parents ont été les formateurs de la première partie de la vie, la société a engendré la deuxième, la connaissance de soi révélera le potentiel à suivre. Il n'y a pas d'amour, il n'y a que des preuves d'amour. Il n'y a pas de bonheur, il n'y a que l'état d'être heureux. Le bonheur n'a de but que si l'on se sent vivant, si l'individu prend conscience de son incarnation et de sa quête existentielle. Le bonheur existe, car il est temporaire. Il n'a de sens que parce qu'il peut partir et revenir sans prévenir. Il dépend moins de la réalité que de nos propres attentes. Il n'y a pas de formule magique. Le bonheur, c'est le chemin. Il n'est pas antagoniste avec la souffrance, qui parfois libère, provoque l'apaisement et un sentiment heureux. L'acte physique, le dépassement de soi sécrètent des endorphines stimulant la joie, voire la plénitude.

On ne peut pas changer notre corps. Il est notre temple, notre incarnation. Nous devons en prendre soin, être à son écoute tout en sachant faire la différence entre les biorythmes passagers et les forces de vie durables. La puissance de l'esprit interagit avec lui. Les états d'âme sont passagers, les convictions profondes nous guident et nous montrent la voie.

L'homme est formidablement complexe. La pensée est le moteur de la vie. Par son expérience de l'altérité, sa capacité au détachement, elle donne accès à une certaine forme de sagesse. La question de la relation à autrui est essentielle à la prise de conscience de soi et à sa projection dans l'avenir. Nous sommes tous interconnectés par la pensée qui révèle le concept de liberté individuelle. La pensée positive demande une ascèse et exige un travail quotidien, stimulant la volonté et le mental. L'homme a le choix de déterminer son existence par la force de son esprit.

Les principes de vie prennent source dans l'éducation, l'expérience, et sont renforcés par l'affirmation de l'identité, du moi profond. Cet élan vital est une chance, une aubaine pour ceux ressentant l'énergie qui brûle et porte leur existence encore plus loin.

La trinité corps-âme-esprit, alignée sur un seul plan, nécessite une ouverture extracorporelle à l'univers. Chaque chakra est un point de jonction de canaux réalisant cette ouverture et ce bien-être. Les hindous, puis les bouddhistes, ont identifié, symbolisé et défini ces carrefours énergétiques. Les taoïstes, par l'identification et l'étude du réseau de méridiens, jalonnés de points réflexes, qui traversent notre corps et nous relient à l'environnement cosmique, ont développé un savoir-faire thérapeutique. Certains cercles de réflexion chrétiens ou juifs tels que les Rose-Croix ou les kabbalistes ont également identifié ce système de connexion entre les forces cosmiques et les forces telluriques. Ces points d'énergie sont représentés par des disques ou des roues rayonnant à l'image du soleil. Interconnectés et de bas en haut, ils se situent au niveau du périnée, du sacrum, du nombril, du cœur, de la gorge, du chiasma optique (troisième œil) et de la fontanelle.

Si l'on essaie de comprendre le fonctionnement subtil du corps humain et les influences liées au mental et à l'esprit, on s'aventure dans une formidable expérience sensorielle. L'homme agit et interagit à des impulsions provenant du cosmos, des astres, des champs électromagnétiques, des autres êtres vivants et de la nature. Cet écosystème global est sans cesse modifié par les activités humaines et par les pensées. Les pensées négatives sont la cause des névroses, du mal-être, des rancœurs et des jalousies. Elles provoquent des dysfonctionnements physiques et psychiques de gravité variable. Chaque personne est unique et porte en elle une force créatrice, un élan de vie, résonnant dans l'univers. Cette pulsion cosmique nous relie avec Gaïa, la terre mère, notre source nourricière.

La prise de conscience de ces phénomènes naturels et spirituels renforce l'individualité et précise notre véritable identité. Ce parcours initiatique et interpersonnel est au cœur de l'idée de bonheur. On ne peut pas être heureux profondément sans s'être plongé dans la source originelle de son incarnation et dans l'analyse des mécanismes psychiques façonnant notre personnalité.

Tôt ou tard, il faut faire un premier bilan de ses années de vie afin de revisiter les croyances et les rites en les triant afin de grandir en conscience et en puissance. Cette recherche identitaire, cette volonté d'harmoniser notre microcosme et le macrocosme facilitent la transition vers l'éveil spirituel, engendrant l'état de pleine conscience.

L'amour, la joie profonde, le bien-être sont les attributs du bonheur mais ils ne garantissent en rien un état permanent. La souffrance, les difficultés, les échecs sont l'autre face du miroir, donnant du sens et du sel à la vie. Ils font partie intégrante de la construction de soi et contribuent à la recherche d'une existence meilleure.

La société moderne, l'explosion de la démographie, l'utilisation effrénée des ressources et plus récemment le réchauffement climatique et le développement technologique bousculent les équilibres établis et les activités humaines. L'homme a toujours eu besoin de créer et de s'émanciper en développant des conditions de vie plus favorables pour chaque nouvelle génération. En cinq cents ans, nous nous sommes affranchis de l'obscurantisme et avons développé la connaissance, la conscience individuelle, la liberté d'expression, l'affirmation de l'identité, la garantie du bien-être et du mieux vivre.

L'arrivée d'Internet a pulvérisé la structure de la société contemporaine. Les États cèdent la place, lentement mais inexorablement, à des groupes hégémoniques et sans frontières qui, autour des nouvelles technologies, modifient la vie avec une rapidité sans précédent.

Il est encore temps de nous ressaisir et de créer les conditions d'une alchimie entre bonheur individuel et bonheur collectif, garantissant à chacun l'épanouissement personnel et, à la communauté humaine, sa survie. Le matérialisme de notre société actuelle n'est pas en adéquation avec la sensibilité et la suprasensibilité des êtres humains. La voie à suivre est celle de l'empathie, du respect des autres et de la planète. Les mécanismes de domination devront tôt ou tard s'effacer au profit d'une organisation bienveillante, favorisant l'harmonie, la paix et l'amour.

Le matérialisme de notre société actuelle n'est pas en adéquation avec la sensibilité et la suprasensibilité des êtres humains. La voie à suivre est celle de l'empathie, du respect des autres et de la planète.

De la théorie à la pratique, du concept à la réalité, le bonheur s'éprouve et se pratique. Être heureux, c'est vivre, être et faire. Dans l'action ou dans la contemplation, la plénitude s'obtient en élevant son niveau de conscience. Les âmes fortes ont la discipline et la rigueur nécessaires pour ne pas s'apitoyer sur leurs soucis et leurs problèmes, en les dépassant et en trouvant de bonnes raisons de sublimer et transcender leur quotidien. Ce franchissement ouvre des perspectives, donne un nouvel élan guidant nos pas et nous obligeant à éclairer le chemin de ceux qui ne voient pas.

La vie est une épreuve. Elle demande du courage, des efforts et de la miséricorde. « Une vie ne vaut rien, mais rien ne vaut une vie », disait Malraux.

Être heureux peut aussi être un acte d'abandon lorsqu'on s'occupe des plus faibles et des plus démunis. Être utile remplit le cœur et donne du sens à l'engagement. Le mouvement nous dynamise, transmet de l'énergie à chacun d'entre nous. C'est une courroie invisible reliant les êtres humains entre eux, créant du lien et des certitudes. Être heureux, c'est avoir la force de piloter son destin, la capacité de s'enthousiasmer autant dans les moments difficiles que dans la grâce ou la plénitude. Le bonheur s'acquiert jour après jour et se cultive. Il est la route de ceux qui ne se plaignent pas et assument leur incarnation.

Apprendre à se connaître est une exigence, une ascèse, demandant de la rigueur et la volonté d'explorer l'intérieur de son âme pour y découvrir un trésor caché et une fleur à éclore. Nous sommes tous des êtres uniques et les témoins vivants de notre existence, à la fois acteurs et spectateurs de la comédie humaine. Être sérieux, c'est surtout essayer de ne pas se prendre au sérieux et chérir la légèreté de la vie. La sérénité devant les épreuves libère une force créatrice et rassure ceux qui sont proches de nous, car elle donne confiance.

« L'homme est un animal raisonnable qui se met régulièrement en colère quand on lui demande d'agir en accord avec les préceptes de la raison » (Oscar Wilde). Prendre des risques, c'est se sentir vivant et aller au-delà de ses peurs en faisant des choix courageux. Toute décision vertueuse renforcera les qualités et l'expérience, diminuera le stress et l'angoisse de l'échec. Il n'est ni juste de se rétrécir pour ne pas se mettre en danger ni utile de vouloir protéger les autres. La beauté du geste réside dans l'incertitude du résultat. Nous n'avons pas l'obligation de réussir, mais celle d'essayer.

• 10 •
L'AMITIÉ

Depuis le début de la sédentarisation jusqu'à nos jours, l'organisation sociale du monde a structuré la vie de groupe et développé le concept de l'amitié. Ce type de relation a toujours existé, d'abord au niveau familial, puis entre les personnes d'une même ethnie et plus récemment entre différents groupes pouvant provenir d'origines différentes. Elle a favorisé les relations sociales en établissant des codes de conduite et des principes de vie. L'idée de l'amitié n'a de sens que si elle est éprouvée, car seule l'action génère des sentiments et un élan du cœur durable. Elle se différencie de l'amour entre deux personnes, car elle n'est pas assujettie à une attirance physique ou psychique.

Confucius a établi les principes fondamentaux du vivre-ensemble en définissant la loyauté comme un des piliers de la vie de groupe, qui ne saurait accepter le mensonge et la duperie.

La loyauté est le socle sur lequel reposent les relations durables. Cette qualité essentielle est un engagement envers autrui, mais aussi pour défendre une cause ou une idée. Elle exige de la confiance, une connaissance de soi et des autres, une identité de pensée et une convergence de points de vue. Elle est un rempart, protégeant la pérennité des échanges.

Confucius a établi les principes fondamentaux du vivre-ensemble en définissant la loyauté comme un des piliers de la vie de groupe, qui ne saurait accepter le mensonge et la duperie. Ce ciment invisible entre les personnes élève et magnifie les relations, créant les conditions de la complicité. Cette approche relationnelle s'applique à deux ou plusieurs personnes d'un même sexe ou de sexes différents. Elle requiert du temps, des échanges, et doit être passée au filtre de l'expérience. Connaître l'autre est un privilège s'exerçant par une rencontre renouvelée au fil du temps, dans un cadre vertueux, propice à la libération des sentiments et à la vérité de l'engagement. L'épreuve sonne le rassemblement et la mobilisation des énergies vers l'objectif d'une quête commune, unissant et transcendant les individus.

Les sports collectifs, et en particulier ceux de contact, créent des relations particulières entre les personnes de même sexe et subliment la peur pour la transformer en énergie partagée et solidaire en vue de l'accomplissement d'une mission dont la portée dépasse chaque membre de l'équipe. L'identité du groupe, le respect des règles communes, la vie en communauté rapprochent les personnes et développent les conditions de la performance individuelle et collective au service d'un élan et d'une ambition partagée. La complicité est établie et soutenue par les leaders, le capitaine, les entraîneurs ou le président. Ce dernier, même s'il n'est pas impliqué dans les décisions quotidiennes, incarne le gardien du temple, garantissant la stabilité et le rayonnement de l'institution dans son pays ou dans le monde. Ce sentiment d'appartenance, cette relation proche perdurera après l'arrêt des carrières de chacun et sera toujours vivant dans le cœur de tous les membres du club. Il sera entretenu par ce lien invisible, ces rencontres régulières et ce devoir de transmission de génération en génération. Cette culture collective insuffle du sens dans la vie de chaque membre de cette « seconde famille ». Un clin d'œil, un message, un repas, nourrissent cette amitié et renforcent ce sentiment pur et généreux.

La complicité née de l'effort partagé, de conditions difficiles où le danger a cimenté l'action, établit une hiérarchie naturelle sur l'échelle des relations. Les cercles religieux, philosophiques et économiques offrent l'occasion de rencontres et, à travers des référentiels communs, de partage collectif de valeurs et parfois d'émotions. Un cadre normé et feutré ne saurait cependant créer cet esprit d'ouverture, cette exaltation, cette adrénaline que le sport procure.

L'intimité représente le sommet de l'amitié. Elle est une exigence vertueuse reposant sur la qualité et la fréquence des échanges, la transparence, la réciprocité et la prise de risque. Cet abandon à l'autre est l'aboutissement d'une conquête personnelle et profonde.

L'intimité rassemble un cercle restreint d'individus partageant un idéal commun, éprouvé, sincère, fraternel et dénué de rapport de force social. Elle force le courage, ouvre la barrière des sentiments, découvre les faiblesses et les forces vives de chacun. Elle est une providence pour celui ou celle souhaitant comprendre les relations humaines à la lumière d'un idéal chevaleresque. Cela se traduit par un sens de l'honneur exacerbé et une volonté farouche de servir une cause, plus grande, au service de la protection des plus faibles et de la justice. Ce code de conduite intègre la temporalité, mais aussi l'immortalité de l'âme.

Ce chemin spirituel requiert une noblesse dans l'action et une obligation d'agir tant que nous sommes vivants pour une cause qui nous dépasse.

Ces trois niveaux de l'amitié hiérarchisent les étapes et ouvrent la porte sur une recherche intérieure mêlant l'absolu, le beau, l'être de la pensée grecque et l'ouverture transcendantale à Dieu.

LES CERCLES DE L'AMITIÉ

La société de communication actuelle, la dimension exponentielle prise par le virtuel redéfinissent le concept d'amitié et malmènent l'intimité. Facebook a été la première plate-forme à avoir rebaptisé les liens informatiques en passant de statut de contact à celui d'ami. Cette perversion a littéralement modifié les attributs de l'amitié. La multiplication des messageries et les connexions de toutes les couches et classes de la population avec cette mise en relation virtuelle ont créé des icônes des réseaux sociaux, qui sont devenues « amis » et vous font partager leurs *stories*. Cet exhibitionnisme touchant parfois à l'impudeur amplifie la superficialité des sentiments et nuit à leur sincérité, créant des modèles de comportement uniformes et condescendants.

La généralisation des *likes* devient un critère comptable de la performance du message. Tout se mesure et donc tout message d'affection ou d'amitié virtuel passe par le tamis de la raison, afin de potentialiser les chances de succès de cette communication. Le monde « amical » virtuel impose un rythme, une fréquence de visite et une mise à jour de son identité digitale afin de rester « dans le coup » de la sphère des réseaux sociaux.

Cet espace sans limite libère parfois les peurs, les angoisses et favorise des discussions sans complexes ni timidité, surtout à l'adolescence, facilitant le premier pas d'une prochaine rencontre « réelle ». *A contrario*, ces plateformes d'échanges déploient aussi souvent les énergies négatives, la violence ou la haine, en particulier avec ceux qui utilisent des pseudos pour s'épancher, avec bêtise ou ressentiment.

Les trois piliers de l'amitié sont donc malmenés par la vitesse de circulation de l'information, mais également par la banalisation des agressions et des violences verbales. Les plus jeunes générations, utilisant les technologies sans interruption, ne sont pas à l'abri de ruptures cognitives amenant à l'endoctrinement et à la structuration d'une « éducation sombre » dont les risques sont le terrorisme, le djihadisme, mais aussi d'autres formes de conditionnement fondées sur la perversion et l'aliénation. Le monde virtuel favorise les conditions de l'isolement. La modification des repères, la volonté d'appartenance à une communauté illusoire peuvent provoquer des tensions familiales et même aboutir à des ruptures durables.

L'amitié est une passion calme, reposant sur la bienveillance, la camaraderie et la vérité des sentiments. Elle est une bouée nous maintenant la tête au-dessus de l'eau dans les moments difficiles. Elle est véritable, résiliente et désintéressée, et n'a rien à voir avec l'illusion du monde virtuel. Il serait valorisant pour la jeunesse de requalifier, sur les réseaux sociaux, le concept d'« ami » en contact afin de ne pas vivre dans la croyance chimérique que le nombre d'abonnés engendre une personnalité, structure une pensée et développe un idéal.

La communication, qu'elle soit numérique, verbale ou non verbale, est un outil au service de l'expression de la pensée.

L'intimité demande une connaissance éprouvée de soi, une acceptation de ses aspirations, une quête existentielle affirmée et un rapport à l'autre fluide et généreux. Elle peut être sublimée dans la relation de personnes qui entrent en résonance en se confiant, favorisant ainsi l'épanouissement mutuel.

L'amitié demeure invariablement le socle d'une humanité, charitable et fraternelle.

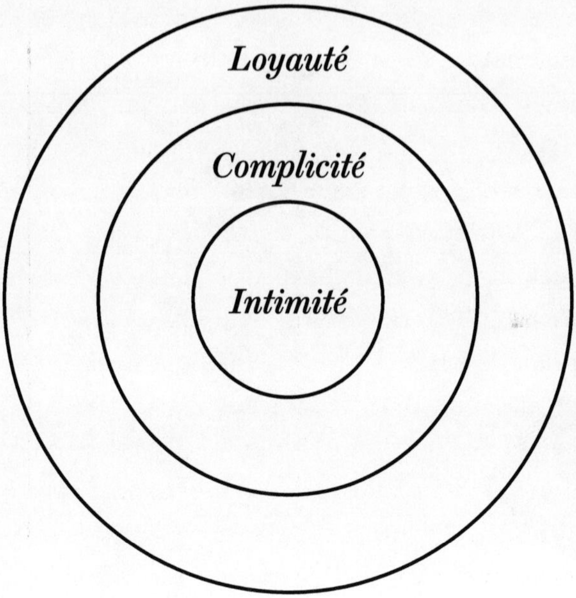

• LES CERCLES DE L'AMITIÉ •

CHAPITRE IV
PRENDRE SOIN DE LA TERRE

· 11 ·
ÉTAT DES LIEUX PLANÉTAIRE ET PERSPECTIVES

La Terre porte le monde, nourrit et régule nos organisations. Cette organisation harmonieuse nous ramène à l'humilité de notre condition humaine et nous fait prendre conscience de ce don merveilleux dont nous bénéficions tous les jours. Tout semble normal et si naturel que l'émerveillement n'arrive que trop rarement.

La vie est une bénédiction. Bien que nous y soyons depuis peu de temps, nous croyons avoir pris possession de la planète en essayant de la contrôler. Nous entretenons l'illusion de battre le rythme de cette symphonie majestueuse. La création est parfaite. La terre est connectée à toutes les planètes du système solaire. Notre satellite la Lune rythme nos saisons et notre calendrier. Depuis des millénaires, cette horloge terrestre est en totale adéquation avec l'organisation céleste dans un univers en expansion. L'évolution de l'homme, depuis nos lointains ancêtres jusqu'à nos jours, a été favorisée par cette harmonie. L'air que nous respirons, l'eau que nous buvons, la nourriture que nous mangeons, le soleil qui nous réchauffe et illumine notre journée sont les ingrédients indispensables à notre développement, dans le respect de cette mécanique perpétuelle.

Depuis plus de dix mille ans, les différentes civilisations ont célébré leur art de vivre et leur dévotion à la nature. Entre les mythes et la réalité, nous avons assisté à une lente évolution de la condition humaine, souvent par les guerres et les conquêtes mais aussi par le génie humain et une organisation méthodique. Certaines civilisations ont disparu. Platon, faisant parler Socrate au IVe siècle avant J.-C., évoquait une civilisation atlante ayant dominé le monde avec arrogance et vanité. Une grande puissance établie sur une île dominait la Grèce et l'Asie et jouissait d'une culture très évoluée ainsi que d'une faune et d'une flore merveilleuses. Les Atlantes tentèrent de soumettre la Méditerranée mais furent combattus par la Grèce. S'ensuivirent des tremblements de terre et des inondations qui, en un seul jour, engloutirent cette île et ses habitants. Légende, fiction ou réalité ? La question reste posée. Quoi qu'il en soit, nous savons que la terre, depuis son origine, a subi des cataclysmes, la dérive des continents et la disparition d'espèces comme celle des dinosaures.

Toutes ces modifications sont la conséquence d'événements extraordinaires : collisions d'astéroïdes, éruptions volcaniques engendrant des feux ayant modifié la vie des humains et les itinéraires migratoires des animaux. La civilisation maya a également disparu en laissant derrière elle une organisation de croyances et un modèle de vie en société.

Les Égyptiens, les Grecs et les Romains ont ordonnancé et organisé en profondeur des systèmes et des règles de vie restant partiellement en vigueur aujourd'hui.

Le XXe siècle a engendré le développement exponentiel de la population, les échanges internationaux, la Déclaration universelle des droits de l'homme adoptée par l'Onu en 1948, l'exploration de l'espace, et l'amélioration de la qualité de vie. Nous sommes passés par des guerres et des périodes sombres, puis nous avons vécu des décennies de progrès.

Les premiers lanceurs d'alerte sur l'état de la planète à la fin du XXe siècle n'ont pas été écoutés. Il est toujours difficile d'avoir raison trop tôt. Pourtant, nous assistons à une perte incroyable de la biodiversité dans le monde. Plusieurs études définissent la situation actuelle comme la sixième extinction majeure sur terre. Nous sommes passés en cent ans d'un milieu équilibré à un état de déséquilibre majeur. La démographie a explosé très rapidement. Les besoins des êtres humains se sont accrus avec une alimentation beaucoup plus riche en protéines et particulièrement en viande, ce qui a augmenté les besoins en terres agricoles, à la fois pour la pâture du bétail et la culture de fourrages. Cela a intensifié la déforestation, en particulier au Brésil, un des premiers pays producteurs de soja au monde. Nous consommons également de plus en plus de poissons. La surpêche menace l'extinction de nombreuses espèces marines.

Ces problèmes affectent tous les continents. L'Afrique est fortement impactée par le réchauffement climatique, la surpopulation, la rareté de l'eau potable et la malnutrition. Ce continent est une bombe à retardement qui finira par exploser si la croissance démographique continue à ce rythme. En Asie, l'état des pâturages et des prairies n'est pas satisfaisant et de nombreuses espèces endémiques sont menacées. En Amérique du Nord et du Sud, terres de pionniers, la modification des paysages et des forêts est très inquiétante. Ce continent détient de nombreuses richesses naturelles devant être protégées. Les forêts d'Amazonie sont le poumon de la planète ; il faut interrompre leur exploitation scandaleuse au profit de quelques-uns.

Les pays du Pacifique ne sont pas davantage épargnés. L'Australie, en particulier, paie un lourd tribut au dilettantisme de ses dirigeants et à l'absence d'un plan sérieux de protection de ses richesses naturelles, notamment de ses forêts. Les incendies du début de l'année 2020 sont une véritable catastrophe écologique. Plus de six millions d'hectares sont partis en fumée, provoquant la disparition de nombreuses espèces vivantes et de milliards d'animaux. Cela représente une superficie supérieure à celle de pays comme la Belgique ou le Costa Rica. Le bilan carbone de l'Australie est terrible. Chaque hectare de forêt brûlée cesse d'être utile à la production d'oxygène et au stockage du carbone. Au contraire, les incendies ont relâché dans l'atmosphère l'équivalent de cent quatre-vingts millions de tonnes de carbone, soit six cents millions de tonnes de CO2. Selon les services de surveillance Copernicus, c'est l'équivalent des émissions annuelles de cent seize pays les moins polluants du monde. Ces émissions soudaines vont ajouter leur contribution au réchauffement climatique, lequel aggravera les sécheresses et les feux de forêts. Il faudra des décennies pour rétablir l'état normal de ces zones dévastées.

En France, la chute de la biodiversité est provoquée en grande partie par l'agriculture intensive et l'utilisation trop importante de produits chimiques, qui dévitalisent les sols et augmentent leur salinité.

En Europe, malgré une gestion appropriée de la démographie, l'activisme militant de nombreuses associations et une conscience écologique en constante progression, la biodiversité diminue également. En France, sa chute est provoquée en grande partie par l'agriculture intensive et l'utilisation trop importante de produits chimiques, qui dévitalisent les sols et augmentent leur salinité. Utilisés en excès, les engrais chimiques tels que la potasse et le phosphore développent la phytotoxicité et la perte de fertilité des sols. En Allemagne, la biomasse d'arthropodes a baissé entre 30 % et 50 % selon les régions. Les cours d'eau, les rivières, les fleuves sont également impactés par les activités humaines, les rejets des usines et l'utilisation massive du glyphosate.

Les tests capillaires démontrent que ces produits traversent la chaîne alimentaire et se retrouvent ingérés par les êtres humains et les animaux. De nombreuses causes de maladies pulmonaires, vasculaires, articulaires et cérébrales, sont liées directement ou indirectement à la qualité de l'air que nous respirons, de l'eau que nous buvons, des aliments que nous ingérons. La salinisation et le réchauffement des mers et des océans favorisent le dérèglement climatique et augmentent la fréquence des ouragans, tempêtes ou cyclones qui dévastent nos pays, nos villes, tuent des milliers de personnes et coûtent une fortune aux États et aux compagnies d'assurances.

La pollution, si surprenant que cela puisse paraître, peut également venir de l'intensification des champs magnétiques. Les êtres humains et les plantes sont des assemblages de cellules connectées par des desmosomes. La circulation des flux d'électrons conditionne la bonne utilisation des membranes cellulaires ; or les ondes électromagnétiques perturbent cette circulation.

Depuis plus de cent ans, nous assistons à une électrification de la terre, à laquelle les êtres humains ne sont pas préparés. Il faudrait qu'ils s'adaptent, se renforcent au niveau physiologique, et surtout à celui de leur état de conscience, afin de pouvoir résister à cette pollution invisible. Au XIXe siècle, aucune pollution électromagnétique n'existait encore. Depuis, successivement, nous avons subi l'influence des ondes radio, des radars, du wi-fi, du Bluetooth, de la 3G, de la 4G et maintenant de la 5G. Ainsi, l'homme est agressé en permanence. Il lui est donc fortement déconseillé, pour son équilibre physique et mental, de vivre en permanence à proximité de ces champs.

La banalisation d'envois de satellites est la conséquence du développement des capacités de la téléphonie et de ses utilisations à des fins privées, professionnelles ou militaires.

Plusieurs milliers tournent actuellement autour de la terre. Leur durée de vie oscille entre dix et vingt ans. Certains, en fin de période d'utilisation, sont désintégrés par l'atmosphère, d'autres se retrouvent en une zone appelée équateur céleste. Plusieurs milliers sont en cours de lancement et encercleront la terre dans toutes les couches de l'atmosphère.

Les êtres humains peuvent être déstabilisés par le développement de champs électromagnétiques. Certains tombent malades, le reste de la population s'adapte et continue.

Le progrès a permis depuis plusieurs décennies, une amélioration sans précédent du niveau de vie et de la circulation des biens, des services et de l'information. Mais l'homme semble avoir oublié qu'il est un être non seulement terrestre mais aussi cosmique. Nous sommes en connexion avec la nature et avec l'univers. La ceinture de Van Allen a le rôle d'intégrer les rayons cosmiques venant du Soleil, de la Lune et des autres planètes du système solaire afin de les distribuer à tous les êtres vivants et donc de permettre la vie sur terre. La société actuelle, de plus en plus citadine, perd ce lien invisible avec la nature et avec le cosmos. La situation est inquiétante, car il n'existe aucune régulation ni législation concernant la pollution électromagnétique.

Les interférences avec la planète Terre demandent l'expertise de spécialistes indépendants dont le but serait de préserver la fragilité de nos écosystèmes et de laisser le temps aux êtres humains de s'adapter aux évolutions, en pleine conscience, tout en garantissant la qualité de vie des générations futures. Les pollutions de l'eau, de l'air, des sols et de l'atmosphère sont des sujets trop importants pour ne pas être pris en charge par des organisations mondiales indépendantes dédiées à protéger notre planète.

Beaucoup trop d'événements extraordinaires se sont passés durant ces dix dernières années pour laisser croire à une coïncidence.

La multiplication, la fréquence et la violence des tornades et des ouragans, les méga incendies (Californie, Australie), la pandémie mondiale avec la Covid-19, les désastres causés par la sécheresse non seulement dans les pays chauds mais aussi en Europe, sans oublier le dérèglement climatique généralisé, sonnent comme un avertissement de la nature fragilisée par les activités humaines. Elle reprend ses droits et en quelque sorte se venge de tant d'agressions.

Nous sommes à la croisée des chemins : nous devons repenser nos modes de vie et notre rôle dans l'univers en comprenant la connexion entre les planètes et avec le monde du vivant. Il est grand temps d'agir en ouvrant son cœur et en favorisant les solutions durables, équitables, et compatibles aux problématiques d'aujourd'hui et de demain pour l'avènement d'un monde meilleur, bienveillant, respectueux et résilient.

• 12 •
LA VILLE À LA CAMPAGNE

Les pays industrialisés sont passés, au cours du XXe siècle, d'une organisation rurale et paysanne à une vie citadine. L'apparition de mégalopoles est récente et a considérablement bouleversé le rythme de vie des êtres humains. Plus de 70 % d'entre eux vivent à la ville. Il faut cependant distinguer les grandes agglomérations et celles de moins de cent mille habitants : les premières se sont dotées de « poumons verts », les autres offrent un accès proche à la nature, aux champs et aux forêts.

Nous vivons tous sur la même planète, mais à des rythmes différents et avec des sensibilités variables à l'environnement et au cosmos. L'éclairage nocturne et la pollution ont tendance à déconnecter les citadins de la dualité entre terre et ciel. Regarder loin, entrevoir l'horizon, reconnaître la direction du vent durant la journée, apercevoir distinctement les étoiles la nuit tombée et s'émerveiller devant la carte du ciel sont des expériences difficilement accessibles aux urbains. L'absence de verticalité crée parfois un sentiment d'angoisse, d'oppression et de tristesse.

Le quotidien des grandes métropoles, souvent monotone, est rythmé par le triptyque métro-boulot-dodo. Il crée des habitudes normatives et minutées. Les services publics et privés proposent cependant une vie intéressante, voire trépidante, en offrant potentiellement beaucoup plus d'activités que le citadin n'en pourra réaliser.

La voiture reste pour beaucoup le moyen de transport le plus utilisé. Le trafic est saturé, la pollution augmente et la croissance démographique ne va pas améliorer la situation. Le dioxyde de carbone est la première cause de pollution de notre planète et contribue au réchauffement climatique. La solution viendra des jeunes générations qui choisissent les transports en commun, le covoiturage ou la location de véhicules. Certaines initiatives, comme le développement des pistes cyclables, la circulation alternée et les véhicules électriques de proximité sont des pistes intéressantes pour améliorer la vie quotidienne. Les nouvelles technologies, moins gourmandes en énergies fossiles, s'inscrivent dans la transition énergétique et contribuent à la réduction des nuisances.

La vie dans les villages, surtout dans les pays européens, exprime des besoins différents pour chaque catégorie d'âge. Les enfants profitent du bonheur de la vie en plein air, de la proximité de leur école et de la sécurité environnante. Le calme et la connexion à la nature développent la sérénité, le bonheur et la créativité. Les adolescents partent tous les matins en bus au collège ou au lycée de la ville à proximité et rentrent le soir après une journée d'études bien remplie. Ils alternent entre le meilleur des deux mondes, et malgré la fatigue liée aux déplacements, ils retrouvent tous les soirs leurs repères. Les adultes, le plus souvent, prennent le même chemin. Ceux qui restent sur place jouissent d'un confort de vie et d'un équilibre favorisant leur épanouissement personnel.

Certains contribuent à la chaîne alimentaire et travaillent dans la filière agricole. On assiste au développement de l'économie circulaire et à la redécouverte des produits du terroir. Cela permet de retrouver le rythme des saisons et une alimentation saine et variée. Le monde paysan a beaucoup changé, mais il reste connecté au potentiel de production et aux coutumes de chaque région.

La vie à la campagne pourrait être encouragée par les pouvoirs publics, car, reposant sur un équilibre différent, elle garantit une vie plus douce et plus harmonieuse. Dans les pays en voie de développement, la majorité de la population vit dans des zones moins peuplées et s'établit en villages ou en tribus. Ces peuples sont essentiellement sédentarisés et vivent dans un système ancestral voué à la production de biens de première nécessité. La dimension familiale représente une force de cohésion et d'intégration, garantissant un savoir-vivre éprouvé. La qualité et l'abondance des récoltes donnent la mesure de l'année à venir : les variations de ce cycle annuel peuvent cependant fragiliser rapidement ce modèle d'organisation en cas d'avarie climatique, mais plus souvent en cas de chute des cours des matières premières.

Sur la population mondiale, deux milliards de personnes consomment trop, et cinq milliards utilisent les trésors de la planète avec modération et tempérance.

Le génie humain, l'arrivée des systèmes de communication globalisés créent des attentes et des besoins chez ces peuples rêvant d'un monde différent et d'un avenir plus rassurant. L'intégration de ces aspirants au monde moderne ne sera possible que si leurs projets s'intègrent au processus de changement et à la vision d'un monde meilleur.

Les pays en développement, notamment, doivent créer des systèmes d'éducation éprouvés permettant à chaque fille et à chaque garçon un accès équitable à la scolarité afin de faire disparaître l'illettrisme. L'horizon d'un enfant ne doit pas se limiter à celui de ses parents. Il pourra comme dans les pays riches, développer sa créativité et s'enrichir des savoirs acquis ailleurs dans son processus de formation. C'est le meilleur moyen de permettre aux pays émergents de maintenir leur stabilité, de limiter l'exode et les flux migratoires en créant de la richesse et du développement économique sur leur territoire. Une vie plus équilibrée, des perspectives de croissance et une fierté patriotique constituent un cadre favorable à l'épanouissement personnel et collectif. Le monde industrialisé, en miroir, devrait s'inspirer de la sagesse, du savoir-être de ces peuples et de leurs fortes racines historiques et culturelles.

La connexion à la nature, les travaux saisonniers ancrent l'être humain dans une vie parfois laborieuse et monotone mais moins stressante que la vie moderne.

La semence, la germination, la floraison, la cueillette sont des rythmes immuables et organisent la vie en société. La beauté du monde, la perfection de la création, la préservation de la biodiversité reposent dans les mains de ces personnes, qui, en toute humilité, sont des remparts à l'avidité de certaines multinationales issues du système ultralibéral.

Un tiers de la population mondiale vit dans les pays riches, certes de manière de plus en plus inégalitaire, mais avec un confort de vie incomparable avec celles des deux tiers restants, vivant de peu et avec sobriété. Pour les premiers, le temps s'est accéléré, la surabondance de biens et de services développe des besoins nouveaux, parfois inaccessibles. Cela génère des frustrations, des colères et des rébellions.

Le monde numérique, de façon virtuelle, propose un accès illimité à une grande partie du savoir accumulé depuis cinq mille ans, créant les conditions d'un sentiment de liberté et de connaissance infinies. Il y a un revers à cette médaille : l'aliénation liée à la dépendance au système et à la disparition du concept de vie privée. Un monde à plusieurs vitesses, en mutation permanente, ne garantira pas à chacun un avenir choisi.

La complexité des enjeux, l'accélération exponentielle des découvertes et la démographie galopante dans les pays pauvres nécessitent le besoin urgent d'une nouvelle organisation sociale, répondant aux priorités de tous les peuples mais également aux ressources limitées de notre planète dans un objectif de développement durable. La compétition économique et la lutte entre l'Europe, les États-Unis et la Chine pour le leadership mondial font courir un danger à notre planète. Il est urgent de bâtir un modèle bienveillant établissant la concorde entre les nations.

Il n'existe pas d'organisation parfaite offrant la santé, le bonheur, la richesse et la liberté.

Les citoyens doivent avoir la volonté de s'organiser en préservant la biosphère et les équilibres de la nature. La ville à la campagne est un défi moins important que l'intégration d'un modèle paysan urbanisé – la campagne s'harmonisant avec la ville, en quelque sorte. L'éducation des pays en voie de développement donnera à chacun accès aux systèmes d'information, de logistique et d'échanges qui préserveront les modèles traditionnels et assureront une meilleure répartition entre ruralité et citadinité.

L'homme et la femme du XXIe siècle font face à un énorme défi. Vivre en paix, libre et heureux dans un monde interconnecté est à la portée de tous. C'est une espérance qui ne pourra se réaliser qu'en préservant tout d'abord l'espoir et la stabilité de ceux prenant soin de nourrir les autres. Pour affronter le défi démographique, une alimentation équilibrée et de qualité est un préalable non négociable. Notre terre nourricière est le réservoir essentiel permettant d'alimenter une population mondiale en croissance. Nous devons, d'une part, prendre soin de la fertilité des sols et de la pureté des cours d'eau, et, de façon impérative, réduire l'utilisation de substances de synthèse : herbicides, fongicides et insecticides. D'autre part, l'utilisation d'engrais phosphatés devra être limitée afin de ne pas aggraver la salinisation des sols et des sous-sols. La monoculture cédera partout où ce sera possible, la place à la polyculture. Les abeilles, qui pollinisent les fleurs et jouent un rôle de tout premier plan dans l'harmonie de la nature, doivent être préservées.

Les politiques alimentaires des pays riches pourront être réorientées dans le sens d'une nourriture de saison plus saine et moins protéinée.

Une relocalisation de l'agriculture garantira une alimentation de qualité et la disponibilité de produits régionaux en respectant la biodiversité et, par exemple, les variétés de céréales ancestrales à forte valeur nutritive. Le combat contre la standardisation des semences est pleinement justifié. Il est crucial de maintenir et de renforcer les productions locales, mieux adaptées au climat et au sol de chaque région.

La paysannerie mondiale a un rôle déterminant à jouer. Elle sera plus puissante et plus organisée si elle se fédère et propose des plans de développement de bon sens. Être paysan, ce n'est pas seulement s'occuper de la chose agricole, mais aussi prendre soin des paysages et de l'environnement. Il faut susciter chez les jeunes générations le désir de travailler dans cette filière, avec des revenus garantis et une contractualisation renforcée. Le commerce de café, de thé et de cacao, sur le plan mondial, encourage des partenariats équitables avec les producteurs. La création d'économies circulaires présente de nombreux avantages en termes de réduction des échanges, d'un meilleur bilan carbone, et enfin de produits frais, sains, riches en vitamines et en minéraux, contribuant à une amélioration de la santé.

Une relocalisation de l'agriculture garantira une alimentation de qualité et la disponibilité de produits régionaux en respectant la biodiversité.

La réussite de ces enjeux passe par un meilleur équilibre, partout dans le monde, entre zones rurales et zones urbaines. Les grandes villes pourraient aménager, dans chaque quartier, des zones vertes et cultivables.

Les politiques agricoles sont essentielles pour mieux vivre ensemble demain. Nous devons inventer de nouveaux modèles de société garantissant à nos enfants une vie paisible, équilibrée et harmonieuse dans un monde durable où les priorités de chacun seront respectées.

· 13 ·
DU BIO À LA BIODYNAMIE

De l'alimentation à la santé, il n'y a qu'un pas à franchir afin de mieux comprendre les enjeux de l'agriculture et du respect des écosystèmes de notre planète. Nourrir sept milliards et demi d'êtres humains est un défi gigantesque si l'on considère la complexité de l'organisation actuelle de la distribution des denrées alimentaires. L'empreinte carbone liée aux échanges de produits est trop importante et augmente au fur et à mesure de la croissance des besoins des populations ayant accès à l'économie de marché.

La libéralisation excessive des échanges et la globalisation de l'économie ont engendré une compétition acharnée sur l'ensemble des aliments et en particulier des produits frais comme le lait, le beurre, le poisson, la viande, les fruits et légumes. Le choix est très important et de plus en plus désaisonnalisé, afin de garantir un approvisionnement continu. Ce système est la norme dans tous les pays occidentaux.

L'exemple le plus frappant est celui de la tomate, produite en particulier aux Pays-Bas et en Espagne. Chez nos voisins néerlandais, elle est issue de serres gigantesques et l'on peut considérer que ce fruit a simplement la couleur et la forme d'une tomate, mais non sa saveur. Sa valeur nutritive est très pauvre et les résidus de pesticides y sont nombreux. En Espagne, certes, le soleil brille davantage, mais le modèle de production est identique, assorti d'une irrigation continue asséchant les nappes phréatiques en Andalousie et en Estrémadure. On pourrait citer également la salade, les courgettes et bien d'autres légumes. Ce modèle productiviste utilise beaucoup de fertilisants, d'énergie et toutes sortes de pesticides. La majorité des enfants ne connaissent pas le goût de la tomate, simplement car elle n'en a plus. Dans des conditions normales, dans l'hémisphère nord, ce fruit de saison prodigue ses saveurs de juin à septembre. Les pays méditerranéens, la France, l'Espagne, l'Italie, la Grèce, la Turquie et bien d'autres ont développé de nombreuses recettes à base de tomate, en association avec les œufs, les olives, les fromages, les légumes, etc. Il existe de nombreuses variétés – sauvegardées par plusieurs conservatoires agricoles – que nos concitoyens n'ont pas le plaisir de déguster. Il est important de lutter contre la standardisation du goût et de l'offre. La tomate grappe vendue en majorité dans nos pays est l'antithèse du bon goût et une offense à l'alimentation méditerranéenne. Son seul intérêt réside dans son prix et sa durée de conservation.

Changer de modèle, c'est avoir la volonté de relocaliser la production des fruits et légumes et d'instaurer un modèle d'économie vertueux, renforçant les partenariats de proximité avec des entreprises de tailles diverses qui, sous cahier des charges biologique, produiront toute l'année des produits de saison, ramassés à bonne maturité, et proposeront une offre plus large et de qualité bien supérieure. L'empreinte carbone sera plus faible, les besoins en eau moins importants et les saveurs sans commune mesure. Certes, le prix sera plus élevé, mais le plaisir sera décuplé et la conservation bien meilleure. Le consommateur s'y retrouvera, replaçant ainsi la qualité nutritionnelle et gustative au centre de ses priorités.

Le passage à l'agriculture biologique est certes contraignant, car il demande des changements importants dans les exploitations en termes de personnel, de densité de plantation, de suivi et de cueillette. Le modèle économique est différent, mais les investissements réalisés se révéleront pertinents à long terme dans le cadre d'une politique de contractualisation avec des commerçants de plus en plus dynamiques.

Les deux premières années de conversion à l'agriculture biologique ou biodynamique exigent de modifier les méthodes, de former les équipes et de renouveler le matériel. Le statut de conversion existe en France et garantit une rémunération équitable aux producteurs. L'utilisation des engrais organiques, à la place de fertilisants chimiques, et l'abandon de produits phytosanitaires créent un nouvel équilibre, certes un peu moins productiviste mais plus durable, car il respecte la biodiversité environnante, les cours d'eau, le goût naturel des fruits et des légumes et leurs valeurs nutritionnelles, respectant la santé des consommateurs. Le bio, c'est la vie, la santé et le retour à la nature. Ce modèle qui, rappelons-le, a été la norme pendant plus de cinq mille ans a souffert du développement d'une agriculture productiviste et hypermécanisée mise en place il y a quarante ans pour répondre d'abord à la nécessité de nourrir les populations épuisées par l'après-guerre. Plus tard, cet objectif atteint, elle n'a plus obéi qu'aux besoins du marché et aux exigences agressives des plates-formes d'achat.

L'utilisation des engrais organiques, à la place de fertilisants chimiques, et l'abandon de produits phytosanitaires créent un nouvel équilibre, certes un peu moins productiviste mais plus durable, car il respecte la biodiversité environnante, les cours d'eau, le goût naturel des fruits et des légumes et leurs valeurs nutritionnelles.

Il est temps de revenir aux fondamentaux pour garantir à nos concitoyens une alimentation riche en vitamines, minéraux et oligo-éléments, exempte de résidus de pesticides et de conservateurs. Il est urgent de fixer des priorités à nos gouvernements, sans attendre que les politiques agricoles se substituent aux besoins des peuples. L'éducation de nos enfants à l'école, avec la généralisation des cantines bio, constitue un pas en avant dans certaines régions. Les élèves, découvrant le goût des aliments et la saisonnalité, influencent les parents dans leurs achats. La culture bio est un système aujourd'hui éprouvé et adapté pouvant garantir des volumes conséquents, pas encore pour approvisionner tous les marchés, mais cela ne saurait tarder si les consommateurs les plébiscitent. Il faudra quelques années pour changer de modèle dans les pays riches.

Nous devons avoir confiance en la capacité de changement des centrales d'achats des grands groupes de distribution internationaux, car ils ont déjà compris que l'avenir est là. Des investissements très importants en infrastructures devront être réalisés et des aides à l'installation de jeunes agriculteurs mises en œuvre. Ce nouveau modèle qualitatif et vertueux sera le garant d'une meilleure santé de la population et donc diminuera *de facto* les frais médicaux.

Manger moins, mais mieux. L'homme sédentaire a perdu l'équilibre nutritionnel ancestral, fondé sur les besoins énergétiques d'une population paysanne connectée à la nature. La journée commençait par un petit-déjeuner copieux, se poursuivait avec un déjeuner modéré et se terminait le soir par un dîner frugal. Cette répartition des rations caloriques était accordée aux besoins du corps humain, au rythme de la journée et des temps de repos. L'organisme brûle les graisses de minuit à midi et les stocke de midi à minuit. Tout apport calorique excessif pris dans l'après-midi et le soir sera stocké et transformé en graisse, surtout pour les populations sédentaires. Les excès répétés du soir contrarient le sommeil et donc la récupération.

Le bon sens nous indique la marche à suivre, si l'on est prêt à écouter son corps et à respecter les équilibres et l'horloge biologique. Obéir à ces principes n'interdit pas de s'en affranchir et de jouir de la vie quand les occasions s'en présentent et que la convivialité nous appelle. L'objectif n'est pas de vivre de façon monacale mais d'alterner périodes de faste et plus frugales. C'est cela, être épicurien : respecter les besoins nécessaires et naturels. Épicure a transmis à ses disciples une force de caractère, un équilibre conceptuel naviguant entre ascétisme et hédonisme. Cette doctrine est une philosophie matérialiste populaire reposant sur la sensation, la vérité et l'amitié.

La société de consommation a bouleversé les priorités et les centres d'intérêt des personnes. La nourriture n'a pas de connotation spirituelle ou philosophique. Elle apporte de l'agrément et remplit une fonction calorique indispensable. La nouvelle gastronomie s'affranchit des fondamentaux d'Escoffier, précurseur et père de la cuisine française moderne. Des grands chefs étoilés comme Alain Ducasse, Anne-Sophie Pic, Pierre Gagnaire, Hélène Darroze, Guy Savoy, Gilles Goujon et bien d'autres redonnent la priorité aux produits de saison, souvent cultivés en bio, mais aussi proposent des expériences assez exceptionnelles autour des légumes. Ces leaders d'opinion ont un impact considérable sur nos comportements, car, en cuisine comme en viticulture, la verticalité, l'équilibre, la subtilité et la complexité éveillent nos sens et nos papilles.

Il en est de même en agriculture. Longtemps, la culture biologique et biodynamique a été l'apanage d'un cercle fermé de pratiquants vivant en autarcie. Ces précurseurs ont ouvert la voie en démontrant la durabilité de ces méthodes exemptes de produits de synthèse. Ensuite, la généralisation des produits biologiques, encadrée par des labels rigoureux tels qu'AB en France, Ecocert en Europe et USDA Organic aux

États-Unis, a accru la demande et offert un approvisionnement régulier, accessible et de qualité au plus grand nombre. La viticulture a suivi ce même mouvement. De nouveaux labels vont encore plus loin afin de répondre à ceux qui souffrent d'intolérances alimentaires, par exemple aux sulfites dans le vin, mais aussi pour s'accorder à la vague montante du véganisme. Ailleurs, dans la vallée des Cévennes, de nombreux vignerons et agriculteurs, réunis sous le label Bee-Friendly, œuvrent à la protection des abeilles et des pollinisateurs. Ils n'utilisent aucun produit pouvant nuire à ces insectes si précieux pour l'harmonie de nos écosystèmes.

La France, l'Allemagne, l'Espagne, l'Italie et la Suisse sont des pays viticoles référents dans le monde. Ils ont encouragé l'élaboration de vins d'une grande finesse, révélant « le goût de quelque part ». Le terroir est sublimé quand les sols sont vivants : les raisins des terroirs captent l'empreinte de leur biotope avec l'aide du vent, du soleil et de la pluie et libèrent, par l'alchimie de la fermentation, cette origine dans le vin.

Passer du savoir-faire au faire-savoir agricole et viticole exige une vision, un courage et une volonté de partage. Ces méthodes nouvelles et expérimentales ont ouvert la porte à une réflexion sur une agriculture durable et féconde. Le modèle de demain, intégré et relocalisé, sera biologique ou ne sera pas, car il sera devenu une exigence des populations, notamment urbaines. Des agriculteurs et des vignerons avisés ont démontré avec brio que l'on pouvait développer l'agriculture biologique mais aussi biodynamique sur de grandes superficies, en conformité avec la vision de Rudolf Steiner vantant dans son livre de référence *Le Cours aux agriculteurs*, les mérites de l'entité agricole. Cette expérimentation réussie représente un espoir pour la généralisation de ces pratiques culturales dans les décennies à venir.

De nouveaux projets architecturaux intégreront des espaces de production au cœur des villes. Chacun pourra ainsi, sur sa terrasse ou son balcon, produire quelques fruits ou légumes de son choix et revendiquer sa solidarité avec le monde paysan.

La biodynamie, pratiquée depuis cent ans en Europe et maintenant dans le monde entier, a proposé un nouveau modèle d'intégration fondé sur la biodiversité et l'interaction entre les forces cosmiques et telluriques. Cette dimension transcendantale nous ouvre les yeux sur la beauté de l'univers et la compréhension des équilibres subtils de la nature. Notre système repose sur la lumière et l'énergie du soleil. Cet équilibre fragile est assujetti à la variabilité des températures et à la protection de notre environnement. La nature fixe les règles et nous sommes contraints de nous y adapter.

La vie n'appartient pas à la terre mais au soleil. Si vous mettez un voile noir au-dessus de nous, plus rien ne poussera. Les forces de vies viennent du cosmos et permettent au système racinaire de puiser dans les micro-organismes de la terre pour favoriser le développement et la nutrition de la plante. *A contrario*, les herbicides détruisent la vie microbienne du sol, nécessitant l'apport d'engrais chimiques pour compenser.

Or ces engrais sont équivalents à des sels qui augmentent les besoins en eau du végétal et fragilisent la plante en favorisant les maladies. Celles-ci seront alors combattues par des produits de synthèse systémiques, redoutables d'efficacité car ils passent dans la sève. Mais c'est précisément ainsi qu'ils vont dérégler le fonctionnement de la plante, car c'est par la sève qu'elle capte les données climatologiques.

Les vins issus de productions conventionnelles peuvent être techniquement bien conçus et donner du plaisir au consommateur. Pour aller plus loin et faire face aux changements climatiques, seuls des sols vivants, exempts d'adjonction de pesticides, permettront un meilleur équilibre de la vigne. En ce qui concerne l'apport modéré de soufre et de cuivre dans les vins, le débat n'a pas de sens, car ces deux éléments naturels font partie de la vie du monde vivant, comme l'oxygène ou l'hydrogène. L'ail, l'oignon, la roquette contiennent aussi naturellement du soufre.

On distingue donc les vins apatrides et les vins de terroir. Pour les reconnaître, il suffit d'ouvrir une bouteille et de goûter le vin, puis de revenir une semaine plus tard pour redéguster. Le vin ayant reçu les forces de vie aura résisté, celui issu de la technique aura trépassé.

La biodynamie va plus loin que l'agriculture biologique en pratiquant la dynamisation de l'eau selon le principe du vortex et en pulvérisant à doses homéopathiques des préparations à base de plantes (ortie, camomille, achillée millefeuille...) ou désignées par des numéros tels que 501, 502 ou 503.

Le soleil est le moteur essentiel des plantes. Il arrive par des fréquences et des longueurs d'onde qui sont aujourd'hui contrariées par des milliards de fréquences hertziennes dans toutes les couches de l'atmosphère. La terre reçoit moins de forces de vie. Elle est en souffrance et commence à se révolter. Le pôle Nord magnétique est maintenant à huit cents kilomètres de l'endroit où il devrait être.

La terre, pour se régénérer et se ressourcer, pourrait inverser ces pôles magnétiques comme elle l'a déjà fait plusieurs fois depuis sa création. Cela déclencherait des phénomènes exceptionnels d'une portée inconnue pour notre civilisation, mais dont les conséquences pourraient être dramatiques pour une partie de l'humanité.

Le concept de la biodynamie créé par Rudolf Steiner prend soin de la santé des sols et des plantes, rythmée par les cycles des astres et de la lune. Il bannit toute utilisation de produits chimiques. Il est certifié par des organismes référents tels que Demeter ou Biodivin, dont le sérieux et l'exigence sont une garantie pour le consommateur. La biodynamie va plus loin que l'agriculture biologique en pratiquant la dynamisation de l'eau selon le principe du vortex et en pulvérisant à doses homéopathiques des préparations à base de plantes (ortie, camomille, achillée millefeuille...) ou désignées par des numéros tels que 501, 502 ou 503. Chaque préparation est connectée avec une planète, par exemple Mercure ou Vénus. Toutes agissent comme des récepteurs pour la vie microbienne, dont l'archétype est une planète.

Cette démarche, respectueuse des sols (pratique de la polyculture) pour la protection de la biodiversité et la pérennité des écosystèmes, est aussi philosophique en ce qu'elle développe une connaissance approfondie du monde vivant.

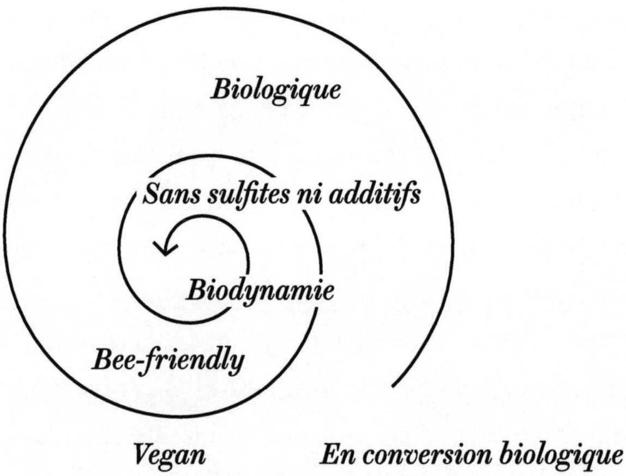

• SPIRALE D'UNE AGRICULTURE VIVANTE •

· 14 ·
CHANGEMENT CLIMATIQUE, TRANSITION ÉCOLOGIQUE ET ÉNERGÉTIQUE

Depuis une vingtaine d'années, nous sommes témoins de dérèglements climatiques dont la cause principale semble être liée aux activités humaines et en particulier aux gaz à effet de serre. L'augmentation de l'utilisation des énergies fossiles et des gaz naturels est la conséquence des besoins combinés de l'industrie du transport, du développement du nombre d'automobilistes, mais aussi des besoins grandissants de l'agriculture et de la consommation domestique.

Les trois plus grands pollueurs de la planète sont la Chine, les États-Unis et l'Europe. L'accord de Paris en 2015 à la COP21 fixe une limitation de la hausse des températures à un maximum de 1,5 °C à l'horizon de 2050 et à un équilibre entre les émissions des gaz à effet de serre dues à l'activité humaine et celles absorbées par les puits de carbone. Les pays riches se sont également engagés à payer à partir de 2020 un minimum de cent milliards de dollars par an. Cet accord a été signé par 195 pays avant le retrait des États-Unis, rendant caduque cette avancée majeure et remettant en question la stratégie validée, malgré le plan de reboisement de trois cent cinquante millions d'hectares décidé à la COP23 à Bonn. Le retour américain validé par le président Joe Biden est une lueur d'espoir.

Notre planète Terre a connu une succession de périodes climatiques différentes en corrélation avec la dérive des continents et différentes périodes de glaciation. Les ères préhistoriques étaient particulièrement difficiles. Il y a environ soixante-dix mille ans, il faisait si froid que l'eau était gelée dans certaines zones et le niveau des océans avait baissé d'une centaine de mètres. La population de la terre était de quinze mille à vingt mille personnes. La période de l'Holocène marque un renouveau avec des températures toujours fraîches mais favorables au développement humain. Les hommes découvrent l'agriculture, la sédentarisation et la stabilité d'une vie en tribu. C'est le début d'une nouvelle ère, la gestion de l'eau garantit les récoltes permettant de nourrir les peuples avec du riz, du maïs et d'autres céréales ancestrales.

La population de la terre était d'un milliard et demi d'habitants au début de XXe siècle et la durée de vie bien inférieure à ce qu'elle est aujourd'hui. La croissance exponentielle de l'humanité, le développement des échanges, l'utilisation croissante d'énergies fossiles, l'augmentation de la durée de vie ont créé les conditions d'un désastre écologique. Nous sommes aujourd'hui plus de sept milliards d'habitants et les dix à douze milliards que prévoit la planification avant la fin du siècle menacent notre organisation d'effondrement total.

Actuellement, les voyants sont au rouge : les océans sont pollués et de plus en plus acides, la déforestation s'accroît, la piètre qualité de l'air dans les villes provoque des maladies pulmonaires chroniques. Les gaz à effet de serre réchauffent la planète, font fondre la banquise et monter le niveau des océans. La biodiversité régresse : la disparition de plantes et de 60 % des espèces sauvages en quarante ans bouleverse le monde du vivant.

Le constat est alarmant et nous sommes incapables de proposer des solutions de rechange durables pour d'abord limiter les hausses des températures et, ensuite, restaurer la biodiversité. Cela demande des changements radicaux devant mobiliser le génie humain, mais surtout la sagesse des gouvernants et des peuples. Nous assistons depuis quelques années à une recrudescence des catastrophes météorologiques comme les ouragans, les cyclones, la sécheresse et en conséquence les feux de forêt. Ces deux dernières années, les nombreux incendies ont eu des répercussions dramatiques sur le milieu naturel et le réchauffement de la planète.

Nous devons trouver des solutions aux phénomènes migratoires sans précédent, de personnes fuyant la misère, la malnutrition, les dérèglements climatiques, mais aussi des régimes politiques totalitaires à bout de souffle.

Notre capacité à oublier et à ne pas tirer les leçons de ces crises majeures est hallucinante. Les climatosceptiques continuent à soutenir le système actuel. La réaction de la planète Terre aux agressions permanentes ne sera pas linéaire.
Des changements importants ne sont plus à écarter, par exemple la disparition du Gulf Stream, ce courant chaud remontant d'Amérique du Nord et jouant un rôle de régulation du climat en Europe.
Le dégel du permafrost en Arctique pourrait faire resurgir des virus et des bactéries provenant de plantes, d'animaux ou de restes de cadavres humains conservés dans les glaces.

Notre capacité à oublier et à ne pas tirer les leçons de ces crises majeures est hallucinante.

Concernant la démographie, la crainte d'explosion la plus importante concerne l'Afrique. Les experts des Nations unies prévoient sur ce continent une augmentation de la population de 1,3 milliard en 2020 à 2,5 milliards en 2050. Cela poserait des problèmes considérables liés à la santé, à l'eau et à la nutrition, ainsi qu'une grande difficulté à l'accès au marché du travail et à la régulation économique.

D'autres régions du monde continueront à voir leurs pays se développer démographiquement, mais à un rythme moins soutenu.

De nombreux experts fixent une limite maximale de huit milliards à ne pas dépasser sur la planète afin de ne pas épuiser les ressources naturelles déjà menacées et d'être en mesure de préparer un plan de régulation respectant les droits de l'homme et les libertés de chacun. C'est un défi immense nécessitant une action collective et des efforts partagés, en particulier par les pays riches et les pays les plus pollueurs.

Les solutions trouvées dans les années 1990 pour éviter la destruction de la couche d'ozone et, en conséquence, les radiations des rayons UV sont une lueur d'espoir pour l'humanité. Certes, les actions correctives telles que la suppression des gaz CFC dans les aérosols n'ont pas engendré beaucoup de contraintes pour les consommateurs.

Il nous faut maintenant agir sur les problèmes majeurs du XXIe siècle : la démographie, la biodiversité, la fertilité des sols, la reforestation, la propreté des océans, la pêche durable, une alimentation moins protéinée, les énergies alternatives, l'économie circulaire, la qualité de l'air, les transports en commun, l'agriculture biologique.

La démographie est une problématique très complexe, car elle est inégale dans le monde et repose sur des équilibres subtils. Elle a été favorisée après la guerre afin de repeupler les pays dévastés, notamment en Europe, et pour dynamiser la croissance économique. La procréation est une résultante naturelle de la vie de couple et un désir souvent essentiel à son accomplissement. Les équilibres de population et les « entrées et sorties » ont été satisfaisants du Moyen Âge jusque dans les années 1980, car ils ont été régulés par un taux de mortalité infantile élevé, des épidémies, des guerres, des famines, des disettes ou des inondations.

La démographie a évolué avec des taux très élevés depuis cinquante ans, au plus grand bonheur des États dominants, car le marché était soutenu et le développement économique demandait une main-d'œuvre bon marché provenant de pays en voie de développement. Dans ces pays, le niveau de vie précaire et l'insécurité rendaient difficile toute planification. Un système éducatif insuffisant et une empreinte religieuse affermie confortaient la reproduction, l'utilisation de la contraception était et reste parfois limitée, le recours à l'avortement dans le cas de grossesses non désirées n'est pas un droit partout reconnu et pose des problèmes éthiques non résolus.

L'émancipation des femmes, la généralisation de l'accès au travail et la crise économique ont réduit les taux de natalité en Europe et aux USA. La France et l'Irlande, grâce à des politiques financières incitatives, ont réussi à maintenir un barème supérieur à deux enfants par famille. Dans les autres grands pays comme l'Allemagne, mais aussi la Chine, le vieillissement de la population et la baisse du taux de fertilité poseront très prochainement des problèmes économiques. A contrario, les pays africains, et à un degré moindre d'Amérique Latine, continuent leur croissance démographique et invalident tout espoir à court terme de stabilisation de la population mondiale.

Il est crucial pour l'équilibre de notre planète de réguler le nombre d'habitants afin de proposer à tous un accès à l'éducation avec une nutrition de qualité et un avenir professionnel et familial à la hauteur de l'idéal de vie de chacun. Ce défi est une priorité. Nos ressources ne sont pas inépuisables et notre modèle consumériste actuel doit être réinventé en réduisant considérablement l'empreinte carbone dans les pays riches et en contrôlant la natalité en Afrique par une prise de conscience de l'enjeu démographique par la société civile, mais aussi par la scolarisation des filles et l'égalité des droits.

L'Afrique possède des ressources encore insoupçonnées, une résilience incroyable et un souffle de vie admirable. Le devoir de l'Occident est de l'aider à développer des programmes démocratiques et économiques structurants et équitables. L'amélioration des conditions de vie pourrait réguler la courbe de croissance et créer des conditions de développement qui stabiliseront l'unité africaine et, par ricochet, permettront à notre planète de garantir à chacun les accès élémentaires à la qualité de l'eau et de l'air, à l'éducation et à l'espérance d'une vie plus harmonieuse.

La biodiversité est soumise à des agressions permanentes liées aux activités humaines : surpêche, surexploitation des ressources, utilisation excessive de produits chimiques, multiplication des organismes génétiquement modifiés et destruction des pollinisateurs.

À la sortie de la Première Guerre mondiale, les usines de canons ont été transformées en fabriques de potasse. L'utilisation de ce fertilisant a immédiatement amélioré les rendements agricoles. Dix ans après cette utilisation intensive, la salinisation provoquée par cet intrant a dégradé la fertilité du sol et du sous-sol. La généralisation des produits de synthèse apparus dans les années 1960 a desservi le monde agricole en créant un système dégradé, nocif pour le biotope et les utilisateurs.

Cette course sans fin à la productivité pour faire face à la compétitivité des marchés et au cours mondiaux des denrées alimentaires est une ineptie totale conduisant à une intensification de l'agriculture, phagocytée par l'industrie de l'agrochimie. De nos jours, le prix des céréales, du soja et du sucre sont définis comme le cours du pétrole.

Quel mépris pour ceux qui, chaque jour, entretiennent le sol en respectant la biodiversité et les paysages !

Il est utile de semer à nouveau des semences locales, mieux adaptées à leur terroir, et de garantir à ces produits une distribution de proximité plus équitable et moins gourmande en carbone. Renouer avec une agriculture plus vertueuse et biologique permettrait de respecter les sols et les sous-sols avec des rendements équilibrés, une meilleure qualité nutritive et une conservation prolongée.

L'exemple de la région du Sikkim en Inde est encourageant. Toute son agriculture est biologique, car l'État a interdit toute utilisation d'intrants artificiels. Cette décision politique courageuse a engendré un nouveau modèle qualitatif, respectueux de l'environnement, valorisant pour les paysans et providentiel pour les consommateurs. On a observé que les rendements avaient augmenté et que la santé des gens s'était améliorée. La relocalisation de l'agriculture est une nécessité et doit être un des socles de la transition écologique.

La fertilité des sols est directement liée à la vie microbienne. Ce milieu souterrain est une machine complexe et interconnectée qui est le terreau de nos vies. Le taux d'humidité y joue un rôle de toute première importance. Il sera pérennisé par une aération provenant de la culture mécanique des sols, mais aussi par un arrêt de la phytotoxicité liée à l'utilisation massive d'intrants chimiques.

L'eau est une ressource essentielle qui, dans certaines régions du monde défavorisées par des climats secs, est un enjeu essentiel pour la stabilité des populations. La récupération des eaux de pluie est une priorité, ainsi que son usage optimisé. Le développement des retenues collinaires, des systèmes de collecte dans les villes et des barrages respectant les besoins des riverains pourrait être encouragé et généralisé dans les zones sèches. Les forages doivent être régulés afin de permettre aux eaux souterraines de se renouveler et de ne pas compromettre les irrigations futures.

L'économie circulaire est un modèle conceptualisant le cycle économique des besoins fondamentaux jusqu'à la consommation dans une organisation vertueuse, durable, intégrant le recyclage, la gestion des déchets et la sobriété en emballages. Cet axe de réflexion met en évidence le gaspillage et l'épuisement des ressources naturelles. Il s'appuie sur les énergies renouvelables et la réduction de leur usage unique. Ce modèle est controversé dans un monde actuel fondé sur la croissance, mais cette voie nouvelle n'est pas incompatible avec la société de consommation. Elle proposera des solutions moins énergivores et plus respectueuses du vivant. Cet élan anthropologique pourra bénéficier de l'apport non négligeable de certaines technologies et en particulier de l'imprimante 3D, réduisant considérablement les besoins en matières premières et l'empreinte carbone des produits réalisés.

La reforestation décidée à la COP23 de Bonn permettra d'améliorer la captation du carbone. Au-delà de ce programme ambitieux, chaque être humain devrait chaque année, symboliquement, planter un arbre afin d'aider au reboisement, de se reconnecter à la nature et d'ouvrir sa conscience au monde du vivant.

Les océans sont devenus la poubelle de notre monde moderne et notamment la décharge des plastiques consommés. Les mers souffrent autant que la terre des excès de notre civilisation. La pêche doit être respectueuse des différentes espèces de poissons et de nouveaux quotas pourraient être établis afin de garantir leur renouvellement. Aujourd'hui, la surpêche menace certaines espèces comme le saumon sauvage, le mérou, le thon rouge, la morue et, plus grave encore, selon le WWF, le rythme de pêche actuel viderait les océans d'ici 2048. Alors qu'attendons-nous pour mettre en place un système de régulation international, limitant le tonnage mais aussi proposant une alimentation variée et moins riche en protéines ?

L'homme est un animal omnivore ayant développé ses facultés cérébrales grâce à une alimentation protéinée. Cependant, l'apport calorique est sans commune mesure entre la préhistoire et nos jours, de même que les dépenses énergétiques et la durée de vie. La majorité des personnes n'utilisent pas les calories ingérées pour répondre à des activités physiques régulières. La diversité de notre alimentation s'est considérablement améliorée, mais, statistiquement, la consommation de protéines et surtout de viandes s'est envolée.

La viande de bœuf, pour son attrait gustatif, sa disponibilité et son prix raisonnable, a vu sa consommation exploser, jusqu'à un excès créant des problèmes de santé. La consommation de viande est passée de 60 à 300 millions de tonnes dans les cinquante dernières années. L'élevage, autant que le transport mondial, est responsable de 15 % des émissions de gaz à effet de serre. Le porc et le poulet sont beaucoup moins consommateurs de carbone que la viande bovine.

Il est important pour la santé, et bon pour la planète, de mieux équilibrer les apports protéinés d'origine animale et végétale. Réduire son apport calorique et protéique quotidien est une voie responsable et éthique. La créativité des conseillers culinaires, ainsi que les recommandations des nutritionnistes, proposent des solutions non contraignantes.

La révolution de l'humanité commence dans notre assiette. La consommation de viandes en Europe et aux États-Unis est de l'ordre de quatre-vingts kilogrammes par an alors que la moyenne mondiale est deux fois inférieure. Si l'on ne fait rien, les projections révèlent que cette consommation de produits carnés va continuer à s'accroître. Il est nécessaire de décréter un plan mondial de réduction de cette consommation, en particulier dans les pays riches où les problèmes de santé et d'obésité sont inquiétants. Baisser le volume global de 30 % à deux cents millions de tonnes serait un objectif ambitieux, mais réaliste car il existe aujourd'hui de nombreuses sources protéinées qui ont une appétence

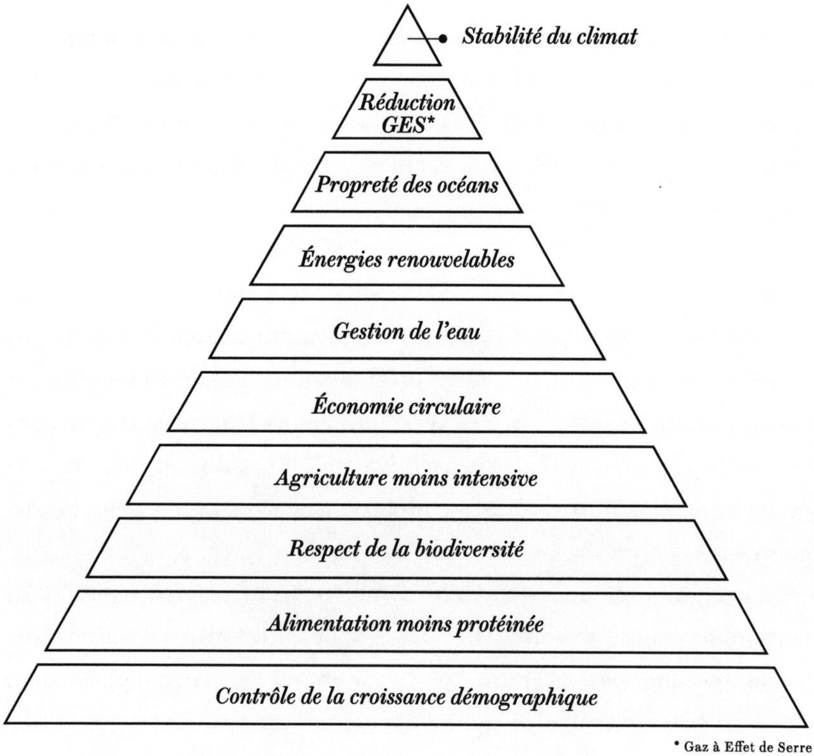

• PYRAMIDE DE LA TRANSITION ÉCOLOGIQUE ET ÉNERGÉTIQUE •

reconnue. De plus, il faut quinze mille litres d'eau pour produire un kilo de viande contre moins de trois cents pour un kilo de pommes de terre, soit cinquante fois plus.

Manger est un acte citoyen. La première solidarité sur la planète est de donner à l'autre la possibilité de se nourrir correctement en respectant la diversité, les coutumes et les traditions. Mieux se nourrir est un élan vers la réduction des gaz à effet de serre, une agriculture moins intensive, la relocalisation des productions, la diminution radicale des besoins en oléagineux, un arrêt de la déforestation et donc un effet boomerang vertueux pour nos écosystèmes, la qualité de l'air, le stockage du carbone et la réduction du réchauffement.

L'enjeu lié au chauffage domestique et à l'utilisation de l'électricité, représentant 30 % du carbone consommé, est appréhendé par les gouvernements et les entreprises du bâtiment proposant des matériaux plus isolants et des solutions diversifiées comme la géothermie, le photovoltaïque et les énergies renouvelables telles que l'éolien. Ce plan de transformation énergétique doit être encouragé et solidairement mis en place dans le monde afin de limiter la croissance des besoins et de sortir de la dépendance vis-à-vis du pétrole. Les ressources naturelles, et en particulier celles provenant du soleil et de l'éolien, sont un axe à privilégier, car elles sont inépuisables, même si le vent demande beaucoup d'énergie pour être transformé en électricité.

Nous sommes passés d'une logique d'abondance à un défi de la pénurie. L'utilisation intensive de ressources non renouvelables, et en particulier des énergies fossiles, corrélée à l'augmentation des besoins exige une bifurcation sans précédent et un nouveau référentiel de sobriété. La frugalité énergétique ne sera pas un drame pour l'humanité si l'on consomme moins mais mieux en préférant le qualitatif au quantitatif. Les nouvelles générations mettront en œuvre ce changement lié à l'innovation et à l'intelligence technologique.

À ce titre, le moteur à hydrogène représente un espoir pour l'humanité et favorisera la transition souhaitée, si les pouvoirs économiques et politiques en font une priorité.

L'équation est simple, même si elle est complexe à mettre en œuvre : du contrôle de la croissance à la stabilité du climat, c'est à chacun de nous de fournir un effort, ne serait-ce qu'en prenant garde à la façon dont il se nourrit. Ce petit effort de chacun est la condition d'une grande réussite pour l'humanité.

CHAPITRE V
DÉFIS ET ENJEUX POUR UN NOUVEL HUMANISME

· 15 ·
CRISE SANITAIRE ET SOCIÉTALE

L'épidémie liée au coronavirus menace les hommes et les femmes dans le monde entier. Les Chinois ont été les premiers à diagnostiquer ce virus et à prendre des mesures radicales en janvier 2020 en protégeant la population de la ville de Wuhan dans un premier temps, puis l'ensemble du pays très rapidement. Malgré la fermeture des frontières, le monde entier a été touché et impacté. Devant l'ampleur de la diffusion, les gouvernements ont pris des décisions en relation avec les scientifiques et l'Organisation mondiale de la santé. Le confinement a été décrété à plusieurs reprises sans concertation avec le peuple dans de nombreux pays et a créé les conditions d'un désordre économique majeur. Certains pays, comme la Suède ou la Suisse, ont pris des voies différentes. L'inquiétude de la population a grandi au fur et à mesure du matraquage médiatique, des visages funestes, du comptage de personnes infectées et des morts.

Flash-back. Au début du XXe siècle, un milliard et demi d'habitants sur la planète vivaient dans une économie de cueillette. L'amélioration de la qualité de vie dans le monde a jugulé les épidémies, augmenté la durée moyenne de vie, donné accès de manière durable aux besoins essentiels : l'alimentation, l'eau, l'énergie, l'éducation et la culture.

Tout notre système tremble et vacille, car un coronavirus est responsable d'une pandémie. Mais l'histoire nous rappelle qu'au XIVᵉ siècle la grande peste, en cinq ans, élimina près de la moitié de la population de l'Europe. De nombreuses épidémies ont régulièrement impacté nos sociétés, et de nouveaux virus apparaissent constamment. La grippe tue chaque année, dans l'indifférence générale, soixante mille personnes en Europe et six cent mille dans le monde. Le fait qu'un vaccin soit disponible n'a pas éradiqué le problème. Les morts dues aux conséquences de la malnutrition se développent également, liées à des régimes alimentaires carencés en éléments nutritifs essentiels à la santé ou à la surconsommation de sucre et de protéines animales.

La recherche, l'accès aux soins, la qualité de l'eau et de la nourriture, les conditions de travail ont considérablement augmenté la durée de vie dans les pays les plus riches. Les êtres humains n'ont jamais connu de conditions de vie aussi favorables à leur épanouissement. Et voilà qu'un virus crée un chaos, sème la panique sur terre et bouleverse notre façon de vivre.

Notre société est régie par des systèmes, contrôlant et administrant la vie des gens. Les besoins de première nécessité sont accessibles dans 70 % des pays, seuls l'Afrique et l'Inde accusent encore un retard important. Les gouvernements ont développé des systèmes de précaution, certes utiles, en alertant tous les services dédiés à l'élaboration d'un diagnostic et à des mesures conservatoires, mais celles-ci peuvent se révéler disproportionnées et inefficaces. La santé a un prix, engendrant parfois des conséquences dramatiques en cascade, surtout pour les plus faibles et les plus démunis. La crise sanitaire est devenue, par ricochet, économique et sociale.

L'hypermédiatisation et les annonces contradictoires ont semé la panique partout dans le monde et ont plongé l'humanité dans un état d'urgence et de peur. Comment ordonner aux gens de rester chez eux quand ils sont bien obligés de sortir pour aller chez le médecin, à la pharmacie, s'approvisionner en denrées alimentaires, ou simplement aller travailler pour garantir la distribution des produits de première nécessité ?

De nombreux groupes pharmaceutiques ont trouvé un vaccin pour lutter contre ce virus. Les populations à risque (personnes âgées, diabétiques, obèses) et plus généralement ceux qui ont des défaillances immunitaires, sont prises en charge en priorité. Les autres doivent pouvoir continuer à choisir en pleine conscience leurs modèles de soin.

Les progrès de la science et de la recherche, développés avec succès par les laboratoires français et étrangers, ne devraient pas occulter les médecines alternatives telles que l'homéopathie. Le déremboursement en France est une erreur, car cette médecine est très populaire, peu coûteuse et préventive. S'il n'y a pas de preuves scientifiques de son efficacité, elle n'en a pas moins rencontré un écho favorable en France, en Suisse, en Allemagne et dans de nombreux autres pays. Cette méthode adopte également une approche holistique et individualisée de l'organisme humain, complémentaire de la médecine allopathique. Elle considère chaque personne comme un être unique, réagissant de manière différente à des agressions extérieures mais aussi à des perturbations ou à des troubles psychiques. L'objectif de cette médecine est de renforcer le terrain et donc d'améliorer la vitalité et la résistance aux maladies.

Le principe de la dilution est sujet à controverse, et l'homéopathie est décriée par la communauté scientifique sur la base de l'absence avérée de son efficacité. Cependant, les tests dits en double aveugle utilisés pour démontrer l'action d'un traitement médical allopathique ne sont pas appropriés dans ce cas, car elle se prescrit et s'applique différemment selon les sujets en partant du principe fondamental que chaque patient est unique et requiert un traitement approprié, surtout en cas de problèmes sérieux. L'être humain est un tout – son psychisme et son corps physique sont étroitement interconnectés –, et chaque individu a un terrain particulier nécessitant une réponse sur mesure afin de traiter la causalité d'une pathologie et non seulement sa conséquence.

L'approche consistant à améliorer le milieu de chaque personne contribue à limiter le nombre de maladies. Souvent, les prescriptions s'accompagnent de conseils nutritionnels, complémentaires au traitement. Chacun a le droit élémentaire de choisir le type de médecine lui donnant confiance et correspondant à ses aspirations et au maintien d'une santé durable.

La médecine conventionnelle est approuvée par des essais cliniques de grande échelle. Elle a été développée par des chercheurs comme Pasteur, Pierre et Marie Curie et bien d'autres qui ont fait progresser la recherche. L'allopathie a une approche plus systématique, pouvant faire appel au principe de similitude. Elle a un intérêt certain pour lutter contre de nombreuses maladies et en particulier le cancer. Les deux voies sont complémentaires et offrent aux patients du XXIe siècle la garantie d'une médecine de pointe dans tous les domaines.

Il faut que cesse cette guerre, cette intolérance envers ceux qui proposent des voies différentes. Chaque être humain, en son for intérieur, a le droit de vivre, se nourrir, se déplacer, travailler, et se soigner comme il le souhaite.

Dans les sociétés modernes, les principes de précaution font trembler tous les gouvernants. Afin de se protéger juridiquement et pénalement, ils s'efforcent de prévoir l'imprévisible et d'anticiper ce qui devrait arriver.

Les dernières années ont été marquées par une augmentation importante de la population et un allongement significatif de la durée de vie. Parallèlement, les différentes formes de cancer ont connu la même accélération. Nous vivons mieux, plus longtemps, mais l'état de santé de certaines populations s'est détérioré. Un mode de vie stressant, une alimentation déséquilibrée ou la pollution peuvent en être les principales causes. Nous assistons à une standardisation de l'alimentation autour d'une consommation beaucoup plus importante de protéines animales, de sucres raffinés et de produits riches en additifs de synthèse tels que conservateurs, colorants et sodium. Or l'alimentation est la base de la santé.

Les recherches de professeurs tels que Vincent Castronovo ont mis en lumière l'importance du microbiote, organe vital pour chacun d'entre nous, situé dans l'intestin. Son rôle majeur dans l'équilibre des personnes a été révélé dernièrement avec le progrès de la biotechnologie. Nous avons plus de cent mille milliards de bactéries dans notre corps. Nous pouvons, biologiquement, nous considérer comme hybrides, car nous sommes à nous seuls une population de bactéries, apparues sur terre il y a plusieurs milliards d'années.

S'il est inapproprié de critiquer le progrès de la médecine et de mettre en cause les bienfaits de la recherche, il serait souhaitable d'ouvrir sereinement la porte au débat concernant la santé publique et de respecter le libre arbitre de chacun, sa capacité de faire le meilleur choix pour lui et ses enfants. Il faudrait encourager les plates-formes de rencontres entre les différentes catégories de praticiens et, de manière transparente, poser tous les sujets sur la table en limitant l'influence des lobbies et le clientélisme.

Le XXIe siècle pourrait être celui du bien-être et du bien-vivre. Pour cela, il est important de continuer à faciliter l'accès à l'éducation dans tous les pays, l'amélioration continue de l'alimentation, et d'établir une charte de vie en communauté fondée sur la tolérance, l'entraide, et le respect de la nature.

Nous vivons dans un monde globalisé repoussant continuellement ses limites. Pendant les cinquante dernières années, le génie humain a créé plus de richesses, de produits et services novateurs que durant les cinq derniers millénaires.

Les nanotechnologies et l'intelligence artificielle vont bouleverser en profondeur nos habitudes et nos capacités intrinsèques en modifiant nos priorités et en redéfinissant les critères de notre vie privée. La nature humaine a besoin de développer la créativité, les découvertes, et de continuer à favoriser l'évolution. Toutes ces mesures doivent être prises en tenant compte des ressources limitées de notre planète, en respectant les libertés individuelles, l'harmonie de la nature et l'urgence climatique.

Nous pourrions envisager la création d'une déclaration des droits et des devoirs universels en termes de liberté d'expression, d'éthique, de développement durable et d'engagements sociétaux, préservant l'avenir des générations futures. Il est urgent de stopper la fuite en avant causée par une mondialisation effrénée.

Le confinement impacte les activités humaines et ralentit la pollution sur la Terre. Il sera intéressant de faire le bilan énergétique et d'évaluer les conséquences positives, en termes de biodiversité. Mère Nature, dans son immense générosité, apprécie cette offrande faite par une humanité sous la contrainte et au bord de la crise de nerfs.

La société moderne a engendré de la performance. Tous les organismes de contrôle sont fondés sur des calculs et des ratios certifiés par les agences du capitalisme mondial – Moody's, Standard and Poor's ou Fitch Ratings. L'économie dopée par les bourses mondiales encourage la gestion à court terme et les rapports trimestriels, alors qu'une organisation résiliente repose sur une démarche à long terme. Il serait bon que le monde de la finance ajuste son modèle, garantissant la vision à longue échéance des entreprises et de leurs projets. Les fonds spéculatifs symbolisent le danger du XXIe siècle, celui de l'argent roi, jouant avec la santé des entreprises cotées en Bourse, au détriment de leurs stratégies et de leurs collaborateurs. Les ressources humaines s'épuisent et les cadres dirigeants de ces grands groupes sont essorés par la pression permanente et le manque de gouvernance stable dans certains cas.

Nous devons valoriser les richesses humaines, encourager la créativité, la prise de risque et la performance durable, à l'image des entreprises familiales, reposant très souvent sur des valeurs éthiques et dont le souffle est porteur d'espoir et d'enthousiasme.

Nous devons valoriser les richesses humaines, encourager la créativité, la prise de risque et la performance durable, à l'image des entreprises familiales, reposant très souvent sur des valeurs éthiques et dont le souffle est porteur d'espoir et d'enthousiasme.

Cette pandémie n'est que la partie émergée de l'iceberg. D'autres crises viendront, forçant l'humanité à changer, à reconsidérer les grands enjeux de la planète.

De nombreuses voix s'élèvent pour dénoncer les dénis de notre système actuel, notamment les conséquences de la surexploitation des richesses de la terre. Notre environnement se dérégule, menacé par l'aveuglement et l'égoïsme des pays les plus riches. Le désir de changement est là, prêt à éclore, et passera par les jeunes générations, plus sensibles à l'écologie et plus enclines à changer les habitudes.

Telle est la vraie question que nous nous posons aujourd'hui : dans quel monde voulons-nous vivre, et quelle planète voulons-nous laisser à nos enfants ?

Nous sommes de passage. La nature est éternelle, forte et fragile à la fois. Nous avons besoin d'elle, elle n'a pas besoin de nous. Quels sont les nouveaux modèles de vivre-ensemble que nous souhaitons établir ? Quels schémas de gouvernance désirons-nous ? Nous devrons choisir entre l'impasse du repli sur soi et un accord mondial consacré aux grands sujets de l'humanité : la biodiversité, la transition écologique, le climat, l'eau, la santé, l'intelligence artificielle, les champs électromagnétiques, l'agriculture, l'énergie et la démographie.

Cette déclaration aura pour objectif de respecter les équilibres et d'améliorer la vie des citoyens en collaboration entre les pays, les régions et les ONG.

· 16 ·
BIG BROTHER

La planète est devenue un terrain de jeu virtuel où tout le monde est connecté, de New York à Singapour, du Groenland aux forêts d'Amazonie, par l'intermédiaire des satellites de communication et des téléphones. Les changements des vingt dernières années sont incroyables : ils constituent un saut quantique modifiant en profondeur l'organisation du monde. Le développement d'Internet et la puissance des réseaux de communication ont changé les priorités des êtres humains.

Les sociétés de pointe américaines, appelées Gafam (Google, Apple, Facebook, Amazon et Microsoft), seront bientôt rejointes par leurs challengers chinois Alibaba, Huawei, et le sud-coréen Samsung. Ces groupes, plus puissants que les États, ont développé des systèmes de recherche, des logiciels et des applications dépassant les besoins de l'humanité. Le transhumanisme, la robotique, l'intelligence artificielle ne sont plus des sujets sortis de quelques romanciers visionnaires qui, dans les décennies passées, essayaient de prédire le monde de demain. La réalité d'aujourd'hui dépasse de loin la fiction.

Il en a toujours été ainsi. Ce qui paraissait impensable et relevait du fantasme, comme *Le Tour du monde en quatre-vingts jours* de Jules Verne, a été pulvérisé. Les bateaux de course battent des records les uns après les autres, équipés de skippers armés de technologies, de millions de données, et aidés de routeurs pour choisir la meilleure voie à suivre sans sortir de leur cabine. L'aventure humaine est désormais ordonnancée avec une préparation de l'événement millimétrée, chronométrée et anticipée. Les *datas* font partie de la gestion de projet. Dans les sports collectifs, les analystes vidéo, les statisticiens ont pris une part prépondérante dans la préparation d'un match. Les coachs ont maintenant des effectifs étoffés et interchangeables renforçant leur pouvoir et utilisent les joueurs de manière prédictive plus qu'intuitive. L'empirisme, la découverte, la liberté de créer ont laissé la place à une préparation minutieuse, à des schémas préétablis et des combinaisons répétées.

Dans le monde économique, les statistiques analysent les parts de marché, l'évolution, les tendances et les modes de comportement des consommateurs. Les grandes entreprises de distribution internationales ont troqué leur métier initial de commerçant à celui de gestionnaire. Les magasins sont devenus des lieux aseptisés et en libre-service où, d'un bout du pays à l'autre, 90 % de l'offre est la même.

Tous les métiers de services sont en pleine transformation. Les banques font de l'assurance, les assureurs ouvrent des banques et proposent du crédit. Les changements les plus impressionnants sont issus de l'explosion des ventes en ligne et les modifications du mode d'achat des consommateurs. Ceux-ci ont été classés en catégories : les *millenials*, entre dix-huit et trente-cinq ans, sont la cible privilégiée des agences de communication en tant que consommateurs nomades d'aujourd'hui et de demain, achetant différemment de leurs parents. Le monde est devenu un Monopoly géant dans lequel on peut très rapidement gagner le gros lot.

L'hypercréativité et l'aveuglement de certains banquiers ont entraîné le krach de 2008, aboutissement d'un cycle ayant commencé avec les années 2000 et émanant d'un cercle réservé à une élite parlant un jargon très spécifique, que très peu de chefs d'entreprise comprennent. Un épais nuage de fumée a recouvert Manhattan, Shanghai, Londres, Tokyo et Paris. La faillite de Lehman Brothers a créé le chaos et précipité l'économie mondiale dans une récession temporaire, dont elle tira les leçons, permettant la mise en place de règles de gouvernances plus strictes.

Quand le revenu du capital rapporte plus d'argent que la création de la production, l'économie a un problème majeur. La capitalisation boursière des plus grandes sociétés, en particulier de celles liées aux nouvelles technologies et aux nouveaux services, est difficilement imaginable. La valeur réelle d'Uber est complètement décorrélée de ses résultats. Les pertes ne découragent pas les investisseurs, pariant sur la véracité de leurs modèles « disruptifs ».

Quand le revenu du capital rapporte plus d'argent que la création de la production, l'économie a un problème majeur.

Dans le monde de la high-tech, le pessimisme n'est pas de mise, car ces nouvelles compagnies innovent et bouleversent les concepts établis. Le livre à succès *Stratégie Océan bleu*, de W. Chan Kim et Renée Mauborgne[1], chercheurs à l'Insead, révèle que les entreprises suscitant une nouvelle demande créent par la même occasion des espaces de croissance et une profitabilité supérieure à celles s'affrontant dans un univers déjà constitué.

Les problèmes liés aux nouveaux systèmes d'information résident dans l'attachement des individus à leurs terminaux électroniques. Ils ont organisé autour d'eux leur vie professionnelle et personnelle. La vie privée est devenue un concept désuet. Nous sommes tous analysés, hiérarchisés et testés. La connectivité et l'actualisation sont le terrain de jeu préféré de l'intelligence artificielle.

Le marché du travail deviendra bientôt une coopération entre l'homme, les objets connectés et les robots obligeant la main-d'œuvre à se former continuellement sous peine d'être disqualifiée.

Le danger des dictatures numériques est à notre porte. Elles menacent de se substituer à notre processus logique de décision et de prise de risque, rétrécissant les libertés et créant des sociétés affreusement inégalitaires, commandées par une élite restreinte. Selon le magazine *Forbes,* la fortune des six cents Nord-Américains les plus riches s'est accrue de 15 %, soit une hausse de quatre cent trente-quatre milliards de dollars, durant la crise du Covid-19.

Le *Big Data* est devenu un jackpot où nous sommes passés du statut de client à celui de produit. Nos comportements, nos émotions, nos messages sont enregistrés et revendus à des fins publicitaires, en attendant que les algorithmes achètent et décident à notre place. La collecte et l'utilisation de ces données, leur échange et leur revente sont un des enjeux les plus importants de notre civilisation. Nous sommes en permanence sollicités et nous recevons de nombreux messages pour nous suggérer une destination, un produit, une promotion ou un événement à venir. La multiplication des *marketplaces* raccourcit les distances, favorisant l'émergence de plateformes numériques hégémoniques.

Les Chinois ont protégé leur marché intérieur de 1,4 milliard de personnes en interdisant l'arrivée des multinationales américaines et en favorisant les grands groupes chinois tels qu'Alibaba ou Tencent.

Les réseaux sociaux ont interconnecté toute la planète, et ceux qui se sont battus pour la défense de leur identité et de leur jardin secret sont les premiers à afficher leur vie sur tous les supports à la mode. Le monde est devenu schizophrène. Nous constatons de plus en plus de troubles du comportement, d'addictions fortes et des pertes de repères, car la frontière entre le monde réel et le monde virtuel devient confuse. Les expériences 3D sont d'une telle sophistication que les utilisateurs perdent rapidement le sens de la réalité. Cependant, ces nouveaux systèmes ont favorisé la circulation des informations partout dans le monde. Certains pays totalitaires bloquent encore l'accès à un Internet libre, mais cela ne durera pas. La prophétie affirmant que tout sera révélé est en train de se réaliser, pour le meilleur et pour le pire. Les filtres disparaissent, et les communiqués de presse sont souvent réalisés au moyen de logiciels.

La diffusion de l'information a cependant mis fin à certaines dictatures. La période du Printemps arabe, très significative, a changé la société de ces pays. Elle a aussi aidé à prendre conscience que la démocratie n'est pas la conséquence d'un raz de marée populaire mais un concept devant être éprouvé et répondant à des exigences d'organisation, de morale et de politique.

L'économie de marché favorise l'innovation et l'apparition de nouveaux produits déferlant à un rythme soutenu. Cinquante pour cent de ceux dont nous disposerons dans dix ans n'existent pas encore. La compétition technologique bat son plein.

Il est important que les sociétés de production mettent en place un corridor de prix international capable de s'affranchir des problèmes liés aux taxes douanières afin de réduire les inégalités tarifaires entre les différents canaux de distribution, car les consommateurs comparent les prix des produits de grande consommation.

Nous sommes entrés dans une civilisation du loisir, avec une abondance de choix. Le temps s'est accéléré et l'espace s'est réduit. La technologie est partout, dans chaque recoin de notre existence. Les ventes en ligne gagnent rapidement des parts de marché sur les achats en magasin et ont déjà considérablement modifié certaines industries. La mode, le luxe, les cosmétiques ont intégré ce modèle de vente en tant que référent de leur *business model*. Les revendeurs sont en compétition avec les marques. Nous sommes passés d'un modèle de distribution à un modèle d'intégration. Ces changements modifient en profondeur les comportements d'achat. Les jeunes générations achètent leurs vêtements majoritairement en ligne. Les grands groupes développent des surfaces de vente dénommées showrooms où l'on peut identifier l'univers de la marque et acheter les produits. Le succès de Zara ou H & M sont des exemples d'intégration.

La généralisation des plates-formes digitales a entraîné des besoins importants de ressources humaines formées à la mise en place de ces modèles. Les geeks de la Silicon Valley ou de Chine, et plus généralement les Asiatiques, ont pris une avance considérable sur l'Europe.

De son côté, la recherche militaire fait preuve d'avancées considérables pour géolocaliser les ennemis, les sites stratégiques, et les combattre par drones. Les rapports de force entre les pays ont dramatiquement changé. La technologie limite les pertes humaines des grandes puissances.

Nous vivons une période passionnante en termes de créativité et de production de contenus. Nous assistons à des défilés de mode sur nos téléphones. Les chaînes de télévision se sont multipliées et la vidéo est devenue le premier moyen d'expression sur Internet. La crise du confinement liée au coronavirus a multiplié les rassemblements virtuels. Instagram Live est l'endroit où l'on échange et où l'on peut écouter des concerts de nos artistes préférés.

Dans l'univers de la musique, les espaces dédiés au streaming ont remplacé les disquaires traditionnels. L'industrie musicale, en crise pendant dix ans, retrouve un deuxième souffle. iTunes, YouTube, Spotify ont donné un accès gratuit et illimité à tous ceux voulant écouter de la musique. Leurs offres premium payantes proposent des avantages, des exclusivités et des avant-premières. Des algorithmes vous suggèrent des musiques correspondant à vos tendances préférées. Les séries de télévision ont suivi le même chemin : Netflix a changé les habitudes de nombreuses personnes. Des séries addictives comme *Game of Thrones* ou *House of Cards* se consomment par trois ou quatre dans une même soirée. Les formats sont courts et intenses.

Le cerveau humain est en permanence bombardé d'images, de sons, de vibrations, de textes, contenant des informations. En conséquence, la capacité d'attention des jeunes a diminué. Ils ont du mal à se concentrer, leur esprit s'est habitué à passer continuellement d'une sollicitation à une autre. Il est souhaitable d'insuffler de la discipline dans cette organisation de vie afin qu'elle ne tourne pas à la chimère et à l'aliénation.

Les nouvelles technologies accentuent le matérialisme et la dureté de la société actuelle, la violence des mots, la surenchère de bonnes et de fausses nouvelles, le sensationnalisme de l'information. Ce déferlement provoque l'anxiété et banalise la souffrance. Une information chasse l'autre. Vivre est devenu anxiogène, surtout pour les habitants des grandes métropoles ayant perdu le contact avec la force et la beauté de la nature.

L'organisation actuelle renforce la dépendance au système. Or c'est par l'indépendance que passent l'éveil, la générosité et la bonté. Nous sommes saturés par le monde virtuel, dont les excès contribuent à la solitude et à la misère affective. En recherchant un nouvel équilibre, nous retrouverons nos capacités créatrices, et notre élan naturel vers l'autre.

· 17 ·
LEÇONS DE VIE

Le corps humain est un sanctuaire. Il est notre véhicule, en évolution permanente dès la conception, à travers la naissance, l'enfance, l'adolescence, l'âge adulte, la maturité, la vieillesse et jusqu'à la mort. Il est unique : son ADN, ses cellules, ses organes, sa chair, ses os, son cerveau font de lui une entité vivante et vibrante.

On distingue le corps physique, éthérique et astral, trinité établissant le lien entre le mental, l'esprit et l'âme. L'aura de chacun est unique : nous rayonnons tous avec une intensité et des couleurs différentes, changeant en fonction de nos états de forme physique, de conscience et de supraconscience. La dimension physique est primordiale car elle permet, en prenant soin de soi de créer les conditions d'une vie agréable. La santé est la porte d'entrée pour la réalisation d'une journée accomplie.

L'alimentation est le carburant essentiel de notre corps. Notre mode de vie de plus en plus sédentaire et urbain a radicalement changé nos habitudes de consommation et la qualité des produits que nous ingérons. La sécurité alimentaire a contribué à normer, à calibrer les denrées et à assurer la circulation des produits toute l'année. Les temples de la consommation que sont les supermarchés proposent des dizaines de milliers de produits en s'affranchissant de la saisonnalité. La part des produits transformés, du prêt-à-manger ou à-boire, est de plus en plus importante. Le consommateur est, de façon croissante, guidé dans ses choix par la publicité, les promotions et les tendances au détriment des saisons, des traditions et des produits locaux. Le succès de ce type de commerce est lié à son caractère pratique, à ses prix agressifs et à son évolution constante afin de fidéliser le consommateur.

L'arrivée des *drives* et le développement de la vente en ligne ont permis à la ménagère de passer de moins en moins de temps dans les magasins. L'investissement important réalisé par les grandes enseignes et les spécialistes comme Amazon ou Alibaba garantissent une livraison sans frais en un temps record.

Notre mode et nos conditions de vie ont cependant ouvert les consciences sur la nécessité de mieux s'alimenter à partir de produits du terroir ou issus de l'agriculture biologique. Précédée par le long travail d'agriculteurs et d'activistes du bio, la percée a eu lieu dans les chaînes spécialisées et se généralise dans tous les secteurs de la distribution. Les deux grands enjeux de notre alimentation et de notre santé sont liés à la qualité des produits et à la diversité de nos menus.

L'agriculture intensive propose un approvisionnement en produits sains et standardisés à la disposition de 60 % des habitants de la planète. Pour les autres, la faiblesse des revenus, les conditions de vie difficiles ou les réseaux de distribution déficients imposent une alimentation à base de produits locaux, de céréales et de légumes de saison.

L'Afrique est le continent souffrant le plus de malnutrition. Les pays occidentaux, dont l'Amérique du Nord et l'Europe en particulier, consomment en excès : leur population souffre souvent d'obésité et de maladies cardiovasculaires. L'Asie, et en particulier le Japon, peut être un modèle à suivre en matière de produits bénéfiques à la santé. L'équilibre alimentaire caractérisant ce continent garantit un apport calorique suffisant, relativement pauvre en glucides et en viande mais riche en oméga 3.

Le régime méditerranéen présente aussi un grand intérêt. Il n'est autre que le mode d'alimentation millénaire des populations modestes : il se fonde sur une abondance de fruits et de légumes de saison, l'emploi de l'huile d'olive, un bon équilibre entre céréales, produits de la mer et viandes avec un verre de vin par repas pour les adultes. Les Américains, friands de formules diététiques miraculeuses, l'ont appelé *mediterranean diet* et l'ont associé à une autre curiosité alimentaire qu'ils appellent *the french paradox* – ou comment les Français, buveurs de vin et consommateurs de produits frais et de saison, sont relativement épargnés par les maladies cardiovasculaires.

L'alimentation est donc la base de notre santé et du respect que nous devons à notre véhicule corporel. Le sport et les exercices physiques jouent aussi un grand rôle dans notre stabilité émotionnelle. Les systèmes éducatifs de certains pays, en particulier en Europe du Nord, recommandent leur pratique quotidienne. Les bases acquises durant l'enfance et l'adolescence, et en particulier le goût de l'effort, favorisent un développement harmonieux. La puissance développée par la pratique du sport, la résistance à l'effort, le goût du dépassement de soi ouvrent les portes d'une meilleure connaissance de notre corps, de son potentiel, et renforcent le niveau de confiance en soi.

Un équilibre doit être trouvé entre les calories absorbées et dépensées. Le premier rôle du médecin devrait être celui d'un conseiller qui, au lieu de prescrire des médicaments, *coacherait* les patients vers une vie équilibrée. Le paradoxe du XXIe siècle est que nous vivons en moyenne plus longtemps, en consommant de plus en plus de médicaments. La France, dont le système de couverture sociale est l'un des plus protecteurs au monde, en est le meilleur exemple. Nous utilisons plus de produits pharmaceutiques que nos voisins.

Le développement du conseil nutritionnel permet une meilleure gestion de notre alimentation et donc de notre état de forme. Le Dr Kousmine préconise le triptyque « un petit-déjeuner de roi, un déjeuner de prince et un dîner de pauvre ». La chrononutrition est une source de santé et une garantie d'un bon sommeil. Elle requiert de la discipline pour s'offrir le plaisir d'y déroger de temps en temps.

Le plus important est de pouvoir ressentir et réguler ses besoins en s'éloignant de ses pulsions compulsives. La circulation des énergies dans notre corps, une bonne endurance et un équilibre psychique stable sont les clefs d'une vie harmonieuse.

Nous avons insisté sur la dimension physique du corps, entretenue par l'alimentation et le sport. Le deuxième niveau de conscience nous ouvre les portes de la dimension spirituelle. « *Mens sana in corpore sano* », écrivait Juvénal : un esprit sain dans un corps sain. Écouter son corps, en prendre conscience mais aussi le stimuler, le réguler par la puissance de la pensée. Pratiqués au réveil, la respiration active, les étirements, l'écoute attentive du rythme cardiaque permettent de bien démarrer la journée et de stimuler les pensées créatives. Le stress, l'insomnie, l'agressivité, agissent comme des freins à l'épanouissement personnel.

Pratiqués au réveil, la respiration active, les étirements, l'écoute attentive du rythme cardiaque permettent de bien démarrer la journée et de stimuler les pensées créatives.

La numérisation grandissante de notre vie réduit les moments de calme et de paix intérieure. Dans ce monde virtuel, les jeunes générations finissent par oublier leur singularité. L'univers virtuel, avec les réseaux sociaux, Internet, les jeux vidéo, agit comme un puissant sédatif, coupant les êtres humains de leur individualité, de leur connexion intime à leurs semblables et au macrocosme.

La promotion rapide de quelques rares élus de la téléréalité, de la musique ou du sport, médiatisés par les grands groupes de communication, met la barre très haut pour une jeunesse en mal de héros et de conformité. L'estime de soi, porte d'entrée d'une vie d'adulte mature et réussie, devient difficile d'accès, car les attentes de la société actuelle sont très élevées. Il est donc vital, pour les êtres humains de notre nouvelle ère, de partir à la rencontre d'eux-mêmes. Cela passe bien sûr par l'éducation parentale, les études et pour certains la religion. La culture et la lecture sont essentielles pour comprendre l'évolution de l'humanité et se situer dans le temps et dans l'espace.

Depuis le Big Bang jusqu'à nos jours, l'univers est en expansion. Lever les yeux au ciel, prendre le temps de méditer, de contempler en silence les merveilles de la création ouvriront les portes d'un nouveau paradigme de pleine conscience où chacun comprendra que la force de notre esprit, de nos pensées, est la base d'une vie épanouie et réussie. On ne peut pas faire confiance aux autres si l'on n'a pas confiance en soi ; il est fondamental d'être bienveillant avec soi-même pour l'être ensuite avec autrui. On grandit chaque jour dès que la peur a quitté nos cœurs pour laisser la place à l'aventure humaine, aux rencontres, à la recherche de nouvelles expériences.

Les religions peuvent rassembler au-delà des groupes de pensée et des croyances dans un cadre respectueux et généreux. La foi en une force supérieure apaise et stimule l'esprit. Le communautarisme, le sectarisme et la culture de l'ostracisme doivent laisser place à l'universalisme. Nous sommes tous des enfants de Dieu et nous devons donner le meilleur de nous-mêmes pour respecter la nature, l'environnement, la famille et notre prochain. La foi est essentielle, car elle développe la conscience humaine au-delà du perceptible et de l'intelligible. La connexion aux mondes sensibles et suprasensibles, la compréhension d'autres formes de croyance, la soif de connaissance, favorisent un éveil spirituel qui, toute la vie durant, pas à pas, jour après jour, guidera notre chemin.

La physique quantique apporte un éclairage nouveau sur le concept de l'immortalité de l'âme, qui reste un des mystères de l'humanité.

Le physicien britannique Roger Penrose, en collaboration avec Stephen Hawking, émet l'hypothèse que les informations sont stockées après la mort dans des microtubules à l'échelle quantique et subatomique. Cela signifierait que lorsque le corps meurt, la conscience continue de vivre dans une autre forme d'univers que nous ne pouvons pas percevoir au niveau matériel mais seulement au niveau spirituel.

En métaphysique, l'esprit transcende la matière. En ouvrant le champ de toutes les possibilités, le corps, l'âme et l'esprit s'harmonisent, nous aidant à mieux comprendre notre intimité, notre potentiel, notre relation aux autres et à l'univers.

· 18 ·
NOUVEAUX DÉFIS POUR LES RELIGIONS

Il y a près de dix mille religions dans le monde, mais les quatre plus importantes – le christianisme, l'hindouisme, l'islam et le bouddhisme – sont pratiquées par la grande majorité des êtres humains. Les schismes et les querelles les ont parfois divisées en sous-groupes. L'islam est réparti en quatre courants (sunnisme, chiisme, zaïdisme et ibadisme), le protestantisme a engendré au XVIe siècle un nouveau mouvement, et de nos jours des Églises (évangélistes, témoins de Jéhovah, adventistes...).

Cette effervescence spirituelle a contribué à organiser la vie humaine autour de l'éducation, de la cité et du référent clérical, faisant figure d'autorité et de conseiller familial. L'engouement religieux et le maillage des territoires ont apporté des réponses aux questions élémentaires et métaphysiques. En Amérique du Sud, en Asie ou en Afrique, le chamanisme et au Japon le shintoïsme sont devenus des mouvements de pensée référents. Les principales religions ont développé le prosélytisme.

Ce travail a été déployé par les organisations, mais aussi par les armées, engendrant, des siècles durant, des combats difficiles et des conquêtes sanguinaires au nom de Dieu.

Plus récemment, les missionnaires ont, avec diplomatie et par la catéchèse, développé l'enseignement chrétien dans le monde. Cette méthode de recrutement est également le *modus operandi* des conversions à l'islam et au bouddhisme.

Quatre-vingts pour cent des habitants de notre planète ont reçu une éducation religieuse et font partie, de près ou de loin, d'une communauté. La pratique des célébrations et la régularité de la participation aux offices sont très variables. L'islam, par la pratique quotidienne des prières, présente un taux d'assiduité très élevé et met en œuvre le respect de la purification du corps avec l'épreuve du ramadan et les ablutions quotidiennes. Le carême des chrétiens est beaucoup moins suivi de nos jours. Du côté du judaïsme, les fêtes traditionnelles telles que Pessah ou Yom Kippour sont les plus populaires. Dans tous les cas, il convient de distinguer les offices religieux, qui, par l'intercession, rapprochent les fidèles de Dieu et la prière personnelle établissant une relation directe et intime avec le créateur.

Plusieurs approches sont possibles pour se connecter avec le mystère de l'élévation. Les religions monothéistes proposent le chemin de la prière, collective ou individuelle, dans le but de rechercher et de ressentir cette présence extracorporelle. Dans l'hindouisme, les mantras amènent à Brahma. Le bouddhisme exige une ascèse poussant au développement de soi par la relaxation et la méditation afin d'atteindre un état de paix intérieure.

La prière transcende et relie à l'esprit divin, la méditation engendre le sentiment de plénitude : les deux approches développent l'élévation et la capacité de l'homme à mieux comprendre le sens de la vie.

Depuis cinq mille ans, l'*Homo sapiens* a développé des capacités cognitives essentielles pour mieux comprendre la causalité de son existence. La raison d'être de chaque individu, l'élan vital, la connaissance de soi permettent une quête existentielle, ouvrent le champ des possibilités et affirment l'individualité, la personnalité et l'aptitude à saisir la dualité entre temporel et spirituel.

Ces deux juridictions sont de nos jours séparées dans la majorité des pays. Cependant, au Moyen Âge, l'Église jouissait de l'extension de son pouvoir dans la sphère temporelle. Cette période sombre rappelle les conflits d'intérêts et l'obscurantisme de tous les extrémismes religieux, avec le fanatisme et le fondamentalisme. Les récents attentats commis par des islamistes radicaux stigmatisent une religion et un courant de pensée condamnant de tels agissements.

Le temps est venu pour l'humanité tout entière de militer pour un rapprochement des peuples, des ethnies et des communautés dans un élan de tolérance, de solidarité et d'ouverture des cœurs. Il n'est pas question de banaliser les croyances ou les convictions religieuses, mais certainement, dans un monde en mouvement continu, de définir un socle commun référentiel et universaliste. Chaque religion devrait prôner la paix, l'amour, le respect, la charité, la vie en société, la liberté d'expression, la bienveillance, la justice et la dignité.

Au XXIe siècle pourraient être lancées les passerelles entre les religions et les mouvements philosophiques afin de créer un nouveau paradigme, invitant à prier, méditer ou discuter sans tabou, peur ou méfiance. La rencontre interreligieuse est encore trop rare. Chaque communauté protège ses certitudes, sa culture et ses rites sans ménager d'ouverture. Cela paraît inconcevable si l'on se réfère aux racines des trois principales religions monothéistes ainsi que les mouvements en découlant, dont Abraham est le père fondateur. L'histoire de la Bible, à travers l'Ancien et le Nouveau Testament, raconte la vie de ces tribus nomades. Ce récit biblique couvre quatre mille années d'histoire, de culture et de conquêtes. Dans le même temps, pendant mille deux cents ans, la sagesse apportée par la philosophie grecque, le développement du raisonnement et de la pensée heureuse, contribuent à l'avènement d'un monde plus organisé et d'un idéal de société.

Le temporel, le spirituel, le profane, le sacré, la raison, l'idéal sont des concepts propices à cet élan formidable de l'humanité. Dans la

France du XVIIIe siècle, le mouvement des Lumières a développé une connaissance philosophique et un bouillonnement culturel qui s'est communiqué à toute l'Europe. Cette émulation a abouti en France à la Révolution et à la mise en place de la laïcité, de la libération de la conscience et des droits des individus. La séparation de l'Église et de l'État a ouvert de nouvelles perspectives pour tous.

Certes, 20 % des êtres humains sont athées ou agnostiques, mais ils sont de plus en plus nombreux à questionner et à interpeller sur le sens et les priorités de l'existence.

Le rapport au travail est différent en fonction des pays mais aussi de l'âge. Les plus jeunes générations sont souvent en rupture avec leurs aînés et s'émancipent plus vite qu'auparavant de la tutelle parentale en termes d'éducation et de culture. L'éthique est un sujet sensible, ainsi que le respect de l'environnement.

Préparons un nouveau paradigme reposant sur l'amour, l'altruisme, la sensibilité et la spiritualité.

Le cadre familial évolue également en établissant des nouveaux modes de vie : célibat, familles monoparentales, maisons de retraite pour les plus anciens.

La spiritualité et l'exercice des religions n'échappent pas au changement. Parfois, la tradition s'efface au profit de l'expérience et du questionnement. Les stages de méditation, la pratique régulière du jeûne, les retraites spirituelles connaissent un succès retentissant, en particulier pour les personnes surmenées et à la recherche d'un nouvel équilibre. Le concept d'autonomie et le développement de la conscience contribuent à l'évolution d'êtres sensibles et intuitifs et à leur développement personnel pour améliorer la vie sur notre planète.

Cette ouverture temporelle crée des tensions et des luttes farouches entre les partisans du monde d'hier et ceux du monde de demain.

Nous vivons dans l'éternel présent : nous devons nous servir de notre expérience pour préparer un nouveau paradigme reposant sur l'amour, la sensibilité et la spiritualité, et mettre fin aux mécanismes de domination actuels basés sur la peur, l'égoïsme, l'égocentrisme et le matérialisme.

Le paradoxe actuel réside dans la rupture entre le peuple et les gouvernants, exacerbés par la circulation des informations sans vérification ni authentification. Par les réseaux sociaux se diffusent le pire et le meilleur à la vitesse de l'éclair et sans filtre. Les êtres humains ont besoin de repères temporels et spirituels. Les deux sont liés, car les conditions de vie influent de manière durable sur l'état mental et psychique de chacun.

La sérénité demande une ascèse, une attitude positive et une recherche intérieure. C'est un travail personnel qui requiert de la discipline pour accéder au bonheur durable. Le monde globalisé et interconnecté dans lequel nous vivons est de plus en plus agressif, immédiat et violent. L'urgence est partout et dans tous les domaines. Les téléphones portables, les tablettes, les ordinateurs reliés au réseau et au wi-fi ont supprimé les temps d'oisiveté ou d'introspection nécessaires pour retrouver l'harmonie, la compassion et la profondeur des sentiments.

Cette surcharge d'informations, de champs d'ondes, cette pression créée par l'appartenance à une ou plusieurs communautés réelles ou virtuelles déstabilisent nos contemporains, surtout les nouvelles générations nées avec les nouvelles technologies. Cette aliénation et cette diminution du désir de la transcendance, du calme et de la paix intime créent un chaos intérieur, du stress et récemment une nouvelle maladie appelée burn-out. La multiplication des réseaux de communication nécessite une ascèse et une élévation du niveau de conscience afin que chacun puisse organiser sa vie en toute sérénité.

Les techniques de respiration préparent à la méditation et à l'éveil. Les prières individuelles ou collectives développent la conscience et la suprasensibilité, connectant l'être et les énergies cosmiques.

La vie est une épreuve permanente offrant des surprises, des rencontres parfois inattendues pour tous ceux qui cultivent la pensée positive, la volonté, l'élan du cœur et l'amour du prochain. Cette quête personnelle est le chemin de la vérité, de la joie véritable et du bonheur partagé.

• 19 •
NOUVEAUX DÉFIS POUR LA POLITIQUE

Les rapports de force entre les pays changent. Nous passons du bilatéralisme au multilatéralisme. Les pays européens ont créé en 1957 la CEE, une communauté dont les principes fondateurs ont établi une coopération économique entre la France, l'Allemagne de l'Ouest, la Belgique, l'Italie, le Luxembourg et les Pays-Bas. Rapidement, en 1967, elle a été élargie à douze pays. En 2009, la CEE est devenue l'Union européenne rassemblant vingt-sept pays. Cette région regroupe cinq cents millions de personnes avec une monnaie commune, l'euro, pour la plupart de ses membres.

Sa puissance économique est considérable, malgré la récente sortie du Royaume-Uni, avec 37 % des échanges. Ce colosse repose cependant sur une organisation fragile, en dissonance avec la souveraineté des États.

Au niveau militaire, la baisse radicale des budgets européens renforce le leadership des États-Unis et de la Chine, laissant le champ libre à leur influence grandissante sur tous les continents.

La situation financière de certains États comme la Grèce et l'absence de maîtrise des déficits budgétaires inquiètent les marchés et les experts. Les systèmes sociaux avantageux créés dans les années 1970 sont soumis à des coupes budgétaires et à l'endettement de nombreux pays, dépassant 100 % du PIB. La crise récente de la Covid-19 amplifie l'onde de choc économique et pourrait installer l'Europe dans une récession durable si des mesures courageuses et solidaires à long terme ne sont pas envisagées.

Le monde du XXIe siècle repose sur une économie globalisée dont le mouvement perpétuel est organisé en faveur de la croissance, de la compétition internationale et de la circulation des biens et des services, soutenus par des systèmes financiers de plus en plus complexes et des outils de contrôle sous l'emprise d'une technologie ultramoderne. Ce modèle, que rien ni personne ne pensait pouvoir arrêter, a disjoncté à cause d'un virus arrivé sans prévenir et dont nous ne connaissons pas encore les conséquences à venir.

La croissance mondiale s'est contractée durablement pendant la pandémie, augurant un impact historique sur les économies de la planète et une déflagration brutale qui ébranlera nos organisations professionnelles, sociales et culturelles. Cet événement majeur, comparable à la crise de 1929 ou au choc pétrolier des années 1970, marque-t-il le déclin d'un modèle ou va-t-il utiliser différentes recettes, s'appuyant à la fois sur des actifs industriels éprouvés et sur une innovation technologique disruptive ?

Cet événement majeur, comparable à la crise de 1929 ou au choc pétrolier des années 1970, marque-t-il le déclin d'un modèle ou va-t-il utiliser différentes recettes, s'appuyant à la fois sur des actifs industriels éprouvés et sur une innovation technologique disruptive ?

Les principes ultralibéraux de l'économie de marché actuelle s'appuient sur des échanges multilatéraux facilités par des accords et soutenus par l'Organisation mondiale du commerce. Ce modèle de croissance n'est efficace que s'il tourne à plein régime, car les critères d'analyse et de soutien des institutions bancaires sont guidés par des rendements à court terme. Depuis quarante ans, la libéralisation du commerce mondial liée au désengagement de l'État-providence a dopé la mécanique progressiste, favorisant une explosion de la richesse mondiale mais aussi une répartition disproportionnée de celle-ci, engendrant des empires privés plus puissants que des pays.

La régulation et le contrôle de l'économie par les États sont devenus une illusion. Des conglomérats garantissent dans de nombreux pays la circulation du capital et de l'innovation, en particulier technologique, sans aucun contrôle. La rapidité d'évolution de ces techniques intrusives promet aux êtres humains une vision fantasmagorique de l'immortalité. Certes, la recherche et la science ont permis d'éradiquer de nombreux problèmes dans le monde et d'améliorer l'accès aux soins et aux médicaments, en résonance avec des critères d'hygiène en amélioration constante. Mais, dans cette course folle vers le toujours plus, le revers de la médaille est que la notion de bien commun et la connexion essentielle entre l'homme et la nature n'ont été ni intégrés ni respectés. La pollution des océans, la déforestation, l'alimentation de plus en plus protéinée, l'augmentation incessante des hydrocarbures ont rompu les équilibres subtils de la planète Terre et l'harmonie nécessaire au renouvellement des ressources et au développement durable. Le dérèglement climatique est la conséquence de l'activité humaine et de choix radicaux ayant été amplifiés par l'illusion de succès immédiats.

Certains États sont fortement tentés de faire face à leurs problématiques de manière individuelle, à base d'idées démagogiques et populistes plus faciles à transmettre sur le plan politique et répondant à des échéances électorales.

L'égoïsme de certains gouvernants, renforcé par l'obligation de résultat, aliène les décideurs et tétanise les institutions multinationales. Ce mutisme est renforcé par la rapidité d'exécution des marchés, la volatilité des cours de Bourse et la financiarisation excessive du monde, répondant à des outils de contrôle abscons pour la majorité des gens.

Les principes de précaution annihilent toute initiative novatrice et courageuse de nos dirigeants, résolus à suivre les normes et les chartes éditées par des organisations telles que l'organisation mondiale du commerce, les nations unies, ou l'Organisation mondiale de la santé. Par temps calme et en période favorable, les systèmes de régulation garantissent la stabilité des économies et la santé des personnes. En temps de récession ou de pandémie, ils empêchent toute démarche empirique reposant sur une urgence. On assiste à une judiciarisation de la société qui freine toute tentative ne répondant pas à une garantie scientifique, dans certains cas impossible à obtenir.

Cette période est d'une importance exceptionnelle pour l'avenir de notre espèce. L'explosion démographique, l'amélioration des conditions de vie et l'allongement de sa durée ont fait exploser les besoins individuels et collectifs. La planète ne peut plus garantir les ressources nécessaires à cette frénésie sans puiser dans les réserves. Il est donc urgent de hiérarchiser les priorités des êtres humains en lien avec l'état de la planète, dans le cadre d'un système garantissant un savoir-être et un savoir-vivre de qualité.

La politique doit retrouver son sens étymologique et philosophique en redéfinissant l'organisation de la vie sur terre et en concevant un nouveau mode de gouvernance, plus ouvert et harmonieux. La croissance débridée ne peut plus être la raison d'être de notre organisation collective, car elle ne correspond plus aux besoins actuels et ne répond pas à l'urgence climatique et à la perte de la biodiversité. Seul un système résilient réussira à faire advenir une nouvelle ère pour l'humanité.

Les systèmes de domination ont montré leurs limites, car nous vivons tous dans un monde interdépendant où les inégalités créent les conditions des révoltes et la migration des populations. Les décisions actuelles prises au niveau économique, sociétal et climatique sont insuffisantes pour rétablir l'équilibre planétaire.

Des engagements courageux et transgénérationnels pour le bien de tous doivent impliquer l'ensemble des pays de la planète. Cette offre généreuse définira des principes fondamentaux fondés sur l'égalité des chances, le respect des différences, la biodiversité, le monde marin, mais aussi la liberté individuelle, l'alimentation, la relocalisation des biens de première nécessité, l'harmonie des villes, l'équilibre entre travail et capital, la redistribution des chaînes de valeurs, le sens de l'innovation et le niveau de conscience. L'égalité des chances entre les gens du Sud et du Nord, les pays riches et les pays pauvres passe par un accès à l'éducation pour tous et des perspectives d'épanouissement personnel et professionnel en symbiose avec les aspirations, les talents et la volonté de chacun. Ce respect des différences favorise la capacité de tous à s'accomplir et à constituer une communauté locale, nationale et internationale reliée par un destin commun en cohérence avec notre incarnation et notre mission en ce monde.

Donner du sens à la vie est le credo de chaque personne sur terre. Cet élan transcendantal ouvrira les portes d'un nouveau paradigme, certes utopique aujourd'hui mais réalisable demain. La planète Terre souffre d'une maltraitance liée à son agression permanente par les activités humaines. La nature est plus forte et plus intelligente que nous. Elle a favorisé la croissance de l'humanité et, dans son infinie générosité, lui a procuré les ressources et l'énergie nécessaires à son développement.

De nombreux avertissements climatiques ont dernièrement affecté plusieurs continents. Si l'homme n'entend pas cette souffrance, d'autres problèmes suivront au niveau virologique, bactériologique ou cataclysmique.

La biodiversité est un trésor pour les générations futures ; il faut la protéger et la restaurer. Le respect du monde animal et végétal est crucial pour garantir l'harmonie sur la planète. Chaque espèce, chaque plante joue un rôle unique dans cette symphonie de la terre. Les dérèglements entraînent des réactions en cascade sur toute la chaîne : vie microbienne, vie des sols et des sous-sols, tous les êtres vivants.

La nature est autosuffisante et autorégulée. Comprendre les interactions entre les espèces vivantes, c'est accepter avec humilité que l'humanité ne soit qu'une composante d'un ensemble naturel parfaitement organisé, en interconnexion avec le système solaire et l'univers entier.

Le rôle des océans et des courants est fondamental pour l'alimentation humaine, les vents et le climat. Les fleuves et les rivières sont également essentiels pour procurer de l'eau en abondance à chaque être humain, à l'irrigation des cultures et aux transports fluviaux. Leur faune contribue aussi à l'alimentation.

Les forêts sont les poumons de la terre. Ils stockent durablement le carbone, maintiennent la biodiversité et rendent possible la vie des animaux sauvages et des insectes faisant partie de l'organisation prodigieuse nous entourant.

Le monde politique est dans l'obligation de sanctuariser l'organisation de nos milieux naturels par un accord international équitable, compensant financièrement à long terme la non-exploitation humaine de certaines zones. Il est facile de critiquer les décisions prises par les dirigeants de certains pays, par exemple en Amazonie ou demain en Alaska. Mais que proposons-nous à la place, et comment organiser une compensation équitable à chaque pays en fonction des richesses non exploitées provenant du sol, du sous-sol ou de la mer ? Les vingt pays les plus riches devraient exemplairement fixer un cap ambitieux, généreux et protecteur, assurant des contreparties équitables pour le reste de l'humanité.

Le modèle actuel, matérialiste et partisan, est arrivé au bout de son chemin. Il n'a pas d'autre choix que d'évoluer pour proposer un nouveau mode d'organisation aux huit milliards d'êtres humains vivant sur cette planète, intégrant les principes de tolérance et de liberté individuelle. Le respect de chaque individu et de chaque pays, la capacité d'autodétermination respectant les règles communes devront être prépondérants. La sécurité ne peut en aucune façon être une excuse pour sacrifier les libertés chèrement acquises, souvent au prix de la vie d'êtres humains durant les siècles écoulés. Ces héros ont combattu les systèmes totalitaires, aboli l'esclavage et défini les droits et les devoirs de chacun.

Un nouveau chapitre pourrait associer les droits de l'homme et ceux de la nature. Celle-ci a beaucoup donné : il est temps que l'humanité restitue durablement et, par un basculement des priorités, la rétablisse à la première place.

Manger est aussi un acte politique. À répétition, deux ou trois fois par jour. Pour chaque choix que nous faisons en achetant des boissons et de la nourriture, nous inspirons des tendances. Notre conditionnement par la publicité ou le prix doit s'effacer devant la préférence pour des produits respectant les chaînes de valeurs entre producteurs, artisans et revendeurs, et dotés d'un cahier des charges éthique en faveur du respect des sols, de la biodiversité, de la qualité nutritive et d'emballages recyclables. Les labels durables, biologiques ou biodynamiques offrent des garanties aux consommateurs. La relocalisation de l'agriculture en périphérie des grandes agglomérations permettrait également d'assurer un approvisionnement limitant l'impact carbone en profitant d'une meilleure qualité à un prix raisonnable.

L'alimentation doit être partout une priorité nationale, fondée sur l'autosuffisance à 70 % minimum.

Les villes nouvelles, plus intégrantes, devront respecter la nature au lieu de modéliser des mégapoles gigantesques déshumanisées. New York, Londres, Paris, Shanghai, Tokyo, Sydney sont des symboles de la modernité qui, durant la crise du coronavirus, se sont transformés en lieux de survie par manque de respect de la biodiversité et par leur inaptitude à la production agricole intégrée.

Depuis vingt ans, la répartition entre travail et capital a évolué de 10 % en faveur de ce dernier. Plusieurs facteurs ont accru ce décalage : les progrès de la technique et les avancées de la technologie ont développé la robotisation des tâches au détriment de l'intervention humaine. Il en est de même en bureautique et dans le domaine des machines-outils avec l'informatisation et les réseaux de communication.

La privatisation d'entreprises publiques désengage inexorablement les états de leur outil de production et affaiblit leur indépendance, en particulier dans les secteurs de l'énergie, de l'eau et des systèmes d'exploitation à usage confidentiel.

Le grand écart entre salaire minimal et salaire maximal a accru les inégalités et menace la cohésion sociale. La libéralisation de l'économie a permis une avancée significative et une évolution bénéfique à tous les pays industrialisés durant les cinquante dernières années. Cependant, les excès doivent être corrigés par la volonté des États, de réguler les fonctionnements et de prendre soin des travailleurs de leur pays, garants de l'unité de la nation, en particulier en temps de crise. Les secteurs stratégiques comme les armées et l'énergie, mais aussi les institutions juridiques et financières, sont des biens et des services précieux méritant une main-d'œuvre qualifiée, experte et motivée, et donc bien rémunérée. Le recrutement des talents au service des rouages et des infrastructures d'un pays est essentiel au bon fonctionnement, à la confiance et à l'exemplarité des services rendus.

La compétitivité mondiale effrénée a engendré des concentrations d'entreprises, souvent dopées par les cours de Bourse et répondant à des mécanismes capitalistiques complexes. Chaque entreprise, au début de son cycle, s'est développée en tirant profit de son dynamisme et de ses idées novatrices, mais a aussi été favorisée par le marché intérieur du pays qui l'a aidée à grandir. L'internationalisation, le développement des filiales à l'étranger sont vertueux et nécessaires, tout autant que ces sociétés continuent à payer leurs impôts dans leur pays d'origine et ailleurs. L'exil fiscal n'est pas recommandable et fausse la compétition entre les grands groupes et les entreprises familiales. Le capital est nécessaire et souhaitable au développement économique, s'il reste vertueux, solidaire et au service de tous. Une meilleure répartition de la distribution des revenus a été rendue possible dans plusieurs pays à travers le monde par la participation, l'intéressement et les systèmes de bonus mis en place, notamment pour préserver les forces vives des sociétés ou attirer les meilleurs talents dans leurs secteurs de prédilection.

Les emplois non qualifiés sont menacés par les machines dans tous les secteurs. Il faut accompagner ces personnes, leur donner le temps de se former, aider les plus jeunes à s'orienter vers l'apprentissage et les contrats en alternance, débouchant souvent sur un premier emploi.

La stagnation du pouvoir d'achat et le mal-être des classes populaires sont souvent liés à la fracture sociale et aux excès engendrés par le capitalisme sauvage. De manière générale, les salariés sont impliqués dans la vie de leur société et éprouvent pour elle un fort attachement émotionnel. Ils sont fiers et heureux de partager une aventure humaine qui nourrit leur quotidien, structure leur vie professionnelle, crée un lien social et un sentiment d'appartenance. C'est pourquoi ils supportent mal les injustices, notamment la brutalité des décisions inexpliquées et injustes : fermetures ou délocalisations.

La France fait partie des pays les plus généreux en termes d'accompagnement social. D'autres pays plus libéraux n'offrent pas ces amortisseurs en période de crise. Le taux de chômage est le baromètre de l'emploi et donc du marché du travail. Le couple travail-capital doit être le plus résilient et le plus équilibré possible, en harmonie avec les êtres humains et la nature, et non plus guidé par la surfinancialisation de l'économie.

La notion de progrès pourrait être réexaminée à l'aune de la réhumanisation de nos modèles actuels. Cette évolution endémique ne doit pas être systématiquement corrélée à la performance, car le progrès peut se mesurer à long terme. À ce titre, la transformation de l'agriculture intensive vers un modèle biologique est un acte citoyen militant qui, quoiqu'il ne garantisse pas des résultats financiers à court terme, propose un changement porteur de valeurs et de sens pour les dirigeants, les actionnaires et les salariés d'une entreprise. Ces changements représentent un progrès humain et social devant être encouragé et dupliqué.

La compétition aveugle épuise les équipes et les systèmes. La vision éclairée d'un avenir différent et altruiste crée les conditions favorables au bonheur. L'innovation a souvent été le moteur de la croissance, car elle anticipe de nouveaux besoins et transforme durablement la société.

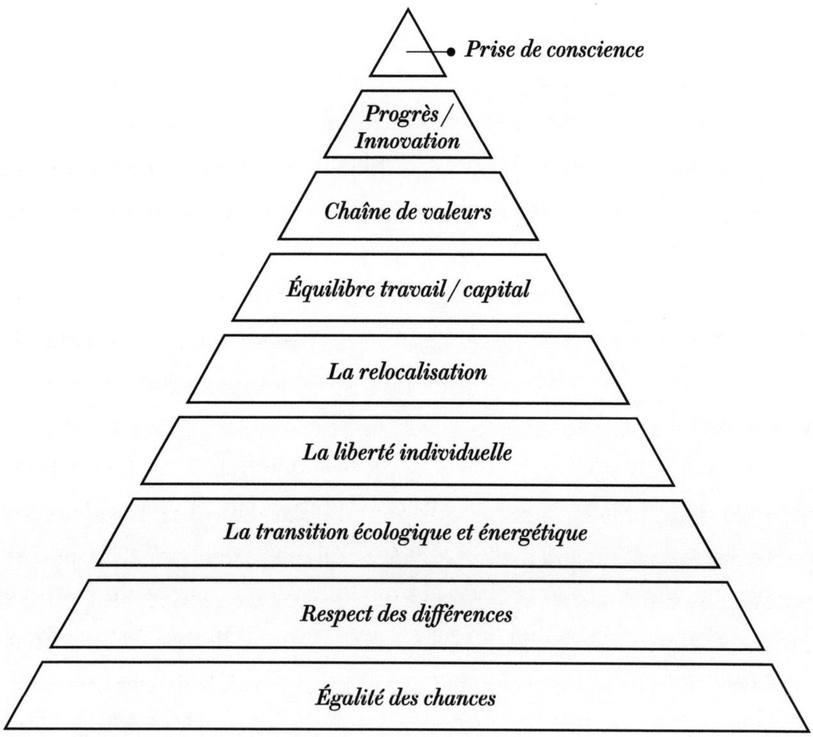

• PYRAMIDE D'UN MONDE MEILLEUR •

Les départements de Recherche et Développement des grands groupes internationaux, et en particulier ceux de la Silicon Valley, ont introduit il y a une trentaine d'années la communication numérique portée par des centres de données surpuissants et reliée à chacun au moyen d'un téléphone portable. Cela a permis de nombreuses avancées, particulièrement dans les domaines de l'information, de la médecine, de l'espace et de l'économie.

Les récents développements de prototypes expérimentaux, l'apparition des nanotechnologies, la collecte des données personnelles nous amènent à la porte du transhumanisme. La dimension éthique sera très prochainement au cœur des préoccupations des êtres humains.

Doit-on laisser les gouvernements, dont les intérêts sont parfois liés avec ces groupes, décider de l'évolution des recherches et en conséquence imposer une généralisation des relais d'information par les satellites, les antennes, les réseaux de toute sorte, et donc une centralisation des données présentes dans nos téléphones ? La liberté individuelle doit-elle être sacrifiée sur l'autel de la sécurité ? Les données personnelles, le carnet de santé, le séquençage génétique, seront-ils accessibles à nos banques, aux assurances et aux services de police ? Toutes ces questions existentielles sont au cœur des problématiques actuelles. À la crise climatique et sanitaire pourrait s'ajouter une crise identitaire. La politique doit être éthique et au service de tous. Les nombreux sujets sociétaux au premier plan de l'actualité pointent du doigt un besoin de se réinventer.

La dualité entre le bien et le mal, la lumière et l'obscurité, l'esprit et la matière, l'intuition et l'intelligence, relève de débats philosophiques et transcendantaux nécessaires dans cette période historique actuelle. Nous sommes aux confins de tous les possibles. Il est encore temps de préparer une société où les êtres humains vivront en harmonie avec la nature dans un cadre de vie agréable, stable et fraternel. *A contrario,* l'agressivité et la brutalité du monde actuel font courir le risque d'une déshumanisation profonde, liée à la prise de contrôle des objets connectés sur notre mental et notre libre arbitre.

La gravité de la situation et l'ampleur de la crise doivent redonner du sens et du courage politique aux gouvernants de la planète, forcés d'aboutir à un accord global sur les sujets fondamentaux partagés par les populations.

La prise de conscience des enjeux et des priorités peut être schématisée ainsi (cf. schéma page 166).

·20·
UN NOUVEAU PARADIGME

L'univers est en expansion et nous ramène à notre condition d'être humain, incarné et limité dans le véhicule temporel qu'est notre corps. L'évolution chère à Darwin nous a donné des capacités de plus en plus importantes à travers les millénaires et le niveau de conscience de l'humanité a toujours favorisé chez elle une recherche permanente de connaissance et de compréhension des phénomènes physiques et métaphysiques, ainsi que l'interaction entre la nature et les êtres vivants. Plus récemment, les mathématiciens et les scientifiques ont découvert la perfection de la création et le fait que tout est nombré et en harmonie. Cette organisation perpétuelle existait déjà avant l'apparition des êtres humains sur terre. La mécanique de précision de l'univers, des galaxies et de notre système solaire est une absolue démonstration d'une puissance supérieure régulatrice.

L'homme de Vitruve, dessiné par Léonard de Vinci en 1490, offre des dimensions parfaites à l'intérieur d'un carré et d'un cercle. Cette allégorie emblématique positionne l'homme au centre de tout. Il repose sur un piédestal magnifié par les lois de l'univers. La même harmonie se découvre dans la musique : il y a douze notes dans une octave et douze harmoniques majeures entre deux notes d'octave. Cela aboutit à cent quarante-quatre combinaisons différentes.

La fleur de vie est le dessin le plus harmonieux et le plus organisé de la création, car elle renferme toutes les lois physiques et mathématiques et symbolise l'univers et la perfection de la création. La trinité s'applique également à la définition de l'espace, du temps et de la matière. La complexité de notre univers nous ramène à l'humilité mais aussi au désir irrésistible de connaissance, de progrès et de dépassement de soi.

La période actuelle repousse les limites de l'entendement et de l'intelligible en créant les connexions entre l'*Homo sapiens* et l'ordinateur. La puissance de calcul de ces derniers annonce un nouveau monde où les algorithmes et l'intelligence artificielle essaieront de prendre le pouvoir. Cette époque d'ordinateurs conscients créera un rapport différent entre l'homme et la machine et une alliance qui révélera tous les mystères de la vie. On pourra alors comprendre son ADN, prédire sa durée de vie, mais aussi choisir le sexe de son enfant. L'homme fabriquera des véhicules intergalactiques lui permettant de voyager et de s'affranchir de l'espace-temps actuel.

Mais le besoin viscéral de découverte et d'exploration ne remplacera ni les sentiments ni les émotions que nous éprouvons et qui nous relient. De même, la recherche d'immortalité se heurtera à la vie elle-même, n'ayant de sens que par sa finitude.

Le meilleur et le pire sont là, nous interpellant, nous invitant à élever notre niveau de conscience afin de préparer un monde offrant la possibilité de la transcendance et de l'éveil, et non simplement celui de l'hédonisme, du loisir et de l'ennui. La société de demain ne doit pas être réservée à une élite contrôlant les richesses, les ressources et la technologie, mais au contraire un ascenseur social pour tous en fonction des priorités de chacun. L'amitié, le bonheur durable, la foi transcendante sont des idéaux de vie à la hauteur du lien social et de l'espérance nécessaire à chaque personne.

Un nouvel humanisme est en marche. Les progrès prodigieux que nous avons réalisés depuis cent cinquante ans ont développé un élan personnel et collectif pour l'humanité et créé les conditions d'une augmentation continue de la population mondiale. Nous sommes allés très loin dans le développement des besoins et du confort de chaque individu, en renforçant les richesses, mais aussi les inégalités.

Les différents systèmes politiques ont été éprouvés depuis une centaine d'années: les monarchies, les démocraties, le totalitarisme, la république, le socialisme et le capitalisme. Certains ont disparu, d'autres sont toujours en vigueur. Les défis politiques du siècle qui démarre reposent sur les enjeux de la mondialisation et du patriotisme. L'un et l'autre poursuivent des routes différentes, parfois parallèles ou convergentes sur certains points. Les peuples élisent dans les démocraties des gouvernements temporaires, dans un environnement multipolaire. Les tensions liées aux rivalités entre les deux grandes puissances américaines et chinoises ont des répercussions internationales et poussent l'Europe des États membres à développer des alliances géopolitiques. Les valeurs fondamentales de la république forgées sur la liberté de conscience sont mises à mal par le fondamentalisme religieux et éprouvent la liberté de conscience qui est un des piliers de la déclaration universelle des droits de l'homme de 1948 « l'avènement d'un monde ou les êtres humains seront libres de parler et de croire, libérés de la terreur et de la misère». La liberté de croire et le pluralisme des religions sont un postulat non négociable tout autant que chaque mouvement de pensée respecte l'art de vivre ensemble, en paix et en harmonie. «L'universalisme ne doit pas être incompatible avec le patriotisme» (Racine).

Au niveau économique, l'apparition de groupes hégémoniques, essentiellement autour des nouvelles technologies bouleverse les influences des systèmes existants autour des conglomérats de la pétrochimie et de la finance internationale. Les gouvernements sont de plus en plus liés et dépendants de ces organisations hégémoniques et souvent autonomes financièrement.

On assiste à un regain de tension et à des visions différentes très marquées en termes de modèle à suivre. Il ne faut pas confondre la mondialisation de l'économie et donc des échanges, qui est une réalité parfois agressive et en mal de régulation, avec la globalisation voulue par certains, qui serait une régression d'un point de vue anthropologique. La légitimité des peuples passe d'abord par un développement volontaire de la souveraineté individuelle et de la liberté d'entreprendre, de créer, et de prospérer dans le respect des autres et de la planète. L'ouverture de conscience, la transcendance, la liberté des sentiments, le respect de la nature favorisent l'avènement d'un nouvel humanisme, qui respectera l'universalité des valeurs sans opposer les communautés entre elles.

Je ne suis pas naïf, ni insensible aux difficultés liées à la complexité des problèmes actuels, qui n'ont pas abouti à une stabilité durable. L'équilibre subtil à trouver repose sur un respect fondamental des droits de chacun et une vision innovante en rupture avec les modèles de domination actuels.

La tradition, c'est le rempart contre la standardisation et la médiocrité des sentiments et des idées.

Je suis patriote français et citoyen du monde. J'aime profondément mon pays, sa force, sa culture, son histoire, sa tolérance, sa diversité géographique ainsi que son caractère complexe. Aimer son pays, respecter ses traditions, comprendre son identité sont des actes authentiques, nécessaires pour tisser du lien et apprendre à vivre ensemble de manière apaisée et solidaire. Mes pérégrinations sur tous les continents depuis trente ans m'ont enrichi et m'ont permis de mieux comprendre les aspirations et les modes de vie très différents entre l'Amérique, la Chine, le continent africain, la Russie ou l'Amérique latine. Partout, j'ai ressenti l'âme humaine, l'envie de vivre, d'exister et de créer. Les différentes cultures sont une force, une origine qu'il faut chérir et respecter. La tradition, c'est le rempart contre la standardisation et la médiocrité des sentiments et des idées.

À l'heure d'Internet, nous sommes tous interconnectés par la circulation gratuite de l'information. Ce gigantesque gisement de savoir, de connaissance, de bonnes et de fausses nouvelles, requiert une capacité certaine de distinction et une volonté affirmée de libre arbitre afin de ne pas se laisser enfermer par la pensée unique ankylosante. Le discernement est une exigence qui luttera contre toute forme de simplification outrancière et de stigmatisation liée à une appartenance à des cercles religieux ou de pensée. L'émancipation individuelle et collective passe par l'esprit critique, l'écoute et le respect des différences.

L'utilisation excessive des réseaux sociaux a modifié en profondeur les comportements et la psychologie des êtres humains en redéfinissant les rapports à autrui et la vie en société par le prisme de l'illusion et d'un imaginaire reposant souvent sur une fausse réalité. La perte de confiance dans des valeurs communes fondatrices d'un vivre ensemble éprouvé, crée les conditions de l'isolement.

Il est temps que les principales démocraties redéfinissent un contrat de société audacieux et porteur d'une espérance et d'une harmonie collective évitant le repli sur soi et favorisant une communication fluide et apaisée entre les communautés quelles que soient leurs origines et leurs idées. Cela ne sera possible que par une responsabilisation des individus à l'opposé de l'abrutissement et du contrôle des comportements trop souvent usité. La restriction des libertés liée aux mesures prises pour diminuer l'épidémie de Covid-19 en dit long sur les peurs et les insuffisances dans de nombreux pays. L'esprit d'ouverture initial généré par la libéralisation des échanges, des personnes et des idées laisse la place subrepticement au quadrillage et au contrôle des individus. Cela remet en question les attributs de l'émancipation et de la liberté, qu'il faudra sans cesse inciter et garantir.

Partout dans le monde, j'ai découvert des passions, des savoir-vivre différents et enrichissants et des trésors de territoires, de sites historiques, de parc naturels et de paysages à couper le souffle. La beauté de la planète est un jardin d'Éden magnifié par des écosystèmes équilibrés et reliant les forces du vivant, connecté à l'énergie du champ unifié cosmique. Cette divine nature est au service des humains mais aussi de tous les êtres vivants. Cette organisation formidable ébauche des perspectives pour un nouveau paradigme plus harmonieux, où le développement ne sera pas réservé à certains, mais à tous. Prospérer, ce n'est pas seulement gagner de l'argent ou avoir du pouvoir, mais surtout donner du sens à sa vie et de l'intensité à son existence.

L'observation du monde d'aujourd'hui, avec les moyens prodigieux du XXIe siècle, offre un voyage fascinant et ouvre la porte à des innovations fulgurantes, qui vont révolutionner notre façon de vivre.

Les économies terrestres actuelles reposent sur l'énergie, l'argent, le pouvoir et des systèmes de domination et de performance concentrant de plus en plus les décisions et développant les inégalités et un sentiment anxiogène. La croissance continue à paradoxalement renforcer l'angoisse et le mal-être.

Empédocle, modèle d'Aristote, a proposé au IVe siècle avant J.-C., la théorie considérant que l'univers est formé de quatre éléments : la terre, l'eau, l'air et le feu. À la même période en Chine est apparu le concept de la cosmologie en cinq phases que sont le bois, le feu, la terre, le métal et l'eau, reliées au yin et yang et au qi. Cette organisation connecte les énergies du cosmos, de la nature, des saisons et des êtres vivants. Cette vision holistique fait le lien entre microcosme et le macrocosme et définit la recherche d'équilibre nécessaire à l'harmonie de la nature et à la santé physique et mentale des êtres humains. En Inde sont apparus au même moment les enseignements de Bouddha, au travers de quatre vérités: le *dukkha*, le *samudaya*, le *nirodha* et le *magga*. Le but recherché est de diminuer la souffrance de l'homme par une ascèse reposant sur un chemin balisé par des principes de vie corrects et un idéal de renoncement et de recherche du nirvana. L'homme, la maîtrise des émotions, le détachement, les sentiments, l'humilité et la paix intérieure sont les principes développés par Bouddha. Au Moyen-Orient, les descendants d'Abraham se succèdent entre Jérusalem et Babylone, prophétisent et consolident les bases judéo-chrétiennes. Ces différentes civilisations ont constitué un socle commun reposant sur des principes, un idéal, une recherche d'harmonie, une connexion au cosmos et une transcendance. Les conditions de vie étaient certes rudimentaires, le savoir détenu par une minorité de personnes, la connaissance encore très limitée et essentiellement liée à l'observation mais la spiritualité très fertile.

Chaque période est utile et éprouve les organisations humaines. Tout est temporaire et transitoire, seule la nature est éternelle. Nous sommes allés au bout des systèmes actuels développés par un matérialisme de plus en plus exacerbé et un dérèglement des forces de la nature. Il est temps d'élever le niveau de conscience. Cela repose d'abord sur la force de l'intention et la libération de notre essence spirituelle pour atteindre l'harmonie et proposer une vie plus épanouie pour chacun, un respect des différences et un rapport différent au milieu naturel beaucoup plus protecteur et résilient.

Les besoins croissants énergétiques sur la planète sont un défi important à relever pour une humanité consciente des dysfonctionnements actuels et des limites atteintes de notre civilisation de huit milliards d'êtres humains en termes de dérèglement climatique, de pollution et de prolifération des déchets. La décarbonation répond à des agendas à long terme dont les promesses n'engagent que ceux qui y croient. Il importe de réfléchir à la période post-pétrole et à trouver un nouveau modèle énergétique innovant. La fission de l'atome a engendré une énergie sobre, mais risquée. Cependant, elle a ouvert une voie nouvelle depuis cinquante ans qui a fait évoluer nos sociétés. Le monde devra trouver une source d'énergie propre, décarbonée et illimitée, permettant de supprimer la pollution et de retrouver l'équilibre mis à mal par le réchauffement climatique. L'hydrogène est l'élément le plus abondant dans l'univers. La recherche devra concentrer ses efforts pour l'exploiter à des coûts très réduits. D'autre part, l'énergie provenant du vent, du soleil et du cosmos lui-même représentent des sources infinies que nous allons pouvoir utiliser si le génie humain se met au service de nouvelles découvertes.

L'agriculture de demain sera également plus respectueuse de l'environnement, des sols et des sous-sols. Cela ne sera possible qu'avec la complicité des gouvernements favorables à une politique de santé non plus liée aux soins médicaux mais tournée vers une redéfinition des bienfaits d'une alimentation équilibrée et tenant compte de la proximité et de la saisonnalité. La prise de conscience de chacun et la généralisation des ressources d'approvisionnement correspondent à des cahiers des charges durables, sans herbicides et qui dynamiseront ce processus de transition vers une restauration des systèmes naturels, et garantiront les mêmes possibilités à chacun.

Thomas More, au XVIe siècle, dans *L'Utopie* écrit : « La nature invite tous les hommes à s'entraider naturellement et à partager en commun le joyeux festin de la vie. Ce précepte est juste et raisonnable, il n'y a pas d'individu tellement placé au-dessus du genre humain que la providence ne doive prendre soin que de lui seul. La nature a donné la même forme à tous : elle les réchauffe tous de la même chaleur, elle les embrasse tous du même amour : ce qu'elle réprouve, c'est qu'on augmente son bien-être en aggravant le malheur d'autrui. » Ces préceptes de vie, en résonance avec la nature, sont toujours au cœur de nos préoccupations. Cette approche liée à l'équilibre des écosystèmes passe par une organisation ouverte, créative et pluraliste en harmonie avec notre planète.

Quand les problèmes économiques, géopolitiques, écologiques et philosophiques sont en émulsion, le monde entier est plongé dans un déséquilibre profond qu'il faut corriger. Il est important d'analyser, de comprendre et de ressentir le sens caché des choses, surtout au cours de cette période de changement. Rien n'arrive par hasard. Les problèmes rencontrés par l'humanité avec la pandémie de la Covid-19 mettent en lumière la fragilité de notre système, les difficultés de coordination entre les États et le manque d'anticipation. Il est difficile de lutter contre un ennemi invisible et sournois, se répandant très rapidement et affectant les gens très différemment en fonction de leur âge, de leur sexe et de leur état de santé.

La boîte de résonance des médias a augmenté la peur, dramatisant la situation. Il faut se poser les vraies questions concernant cette crise. D'un point de vue mathématique et statistique, le nombre de morts n'est guère plus important que celui qu'engendrent les maladies saisonnières chaque année. La médiatisation sans précédent a été amplifiée de manière irrationnelle et a occulté toute autre priorité. Le monde a été confiné et la respiration artificielle n'était pas uniquement destinée aux malades en état critique mais plus généralement et symboliquement, à tour de rôle, à plusieurs milliards d'individus. Il est important, au niveau sanitaire, de comprendre pourquoi et dans quelles circonstances cette épidémie a démarré. Les crises précédentes, comme le SRAS, le virus H1N1 ou Ebola dans un passé récent, ont toujours été contenues et n'ont pas impacté l'ensemble des pays.

Les gens circulent davantage dans le monde et les systèmes d'information se sont considérablement développés pendant les dix dernières années. On est tous connectés, et la planète est devenue un jardin. La Terre continue sa rotation autour du Soleil, mais le monde ne tourne pas rond. Nous faisons face à une crise existentielle. Allons-nous tirer les leçons et essayer d'organiser un système nouveau, plus juste, équitable et porteur d'une espérance pour chacun ?

Nous avons créé, au cours des soixante-dix dernières années, de meilleures conditions de vie, diminué de manière considérable la pauvreté, développé des richesses, du confort et, pour plus la majorité des personnes, l'accès à l'éducation, aux services de santé, à une alimentation abondante, à l'eau potable et aux droits civiques. Malheureusement, plus de un milliard de personnes vivent encore en dessous du seuil de pauvreté, mais leur nombre diminue. Dans le même temps, nous avons, sans aucun précédent dans l'histoire de l'humanité, dégradé la terre, les océans, les cours d'eau et créé les conditions d'un naufrage climatique. La démographie a explosé et de nombreux pays, en particulier sur le continent africain, sont en situation d'urgence. La

Les sommets mondiaux sous le sigle COP n'ont pas abouti à des accords significatifs, même s'ils ont apporté une lueur d'espoir avec des engagements précis pour limiter le réchauffement de la planète.

biodiversité est menacée. Le bilan est très négatif, et de nombreuses espèces animales ou végétales ont disparu ou sont en voie d'extinction.

Le cri d'alerte lancé par des militants, des hommes politiques ou des ONG n'a pas induit un changement profond de notre modèle de société. Les sommets mondiaux sous le sigle COP n'ont pas abouti à des accords significatifs, même s'ils ont apporté une lueur d'espoir avec des engagements précis pour limiter le réchauffement de la planète.

Il faut être lucide et essayer de tirer les conséquences, en tenant compte des priorités de chacun mais surtout de l'équilibre subtil et fragile de la nature.

Le point positif de la diminution radicale des échanges internationaux en 2020 a été une baisse de la pollution et une meilleure qualité de l'air, en particulier dans les grandes villes. Le confinement a également permis de recentrer les priorités sur la famille, les proches, et de redécouvrir les joies simples du quotidien. De manière plus intime, et en particulier pour les gens surmenés, cette période calme a été l'occasion d'une respiration intérieure et d'un rapport au temps différent. Les décideurs et les chefs d'entreprise, de leur côté, ont vécu dans l'angoisse de la baisse du chiffre d'affaires et doivent se projeter sur la reprise des activités, en manque de repères.

Le combat contre ce virus a affecté temporairement l'économie mondiale et son organisation. Le monde de la finance, en particulier la FED aux États-Unis et à un degré moindre la BCE en Europe, a fait tous les efforts nécessaires pour relancer la machine, rassurer les investisseurs et créer les conditions du rebond. Cette démarche a été facilitée, sur tous les continents, par la prise de conscience et les besoins qu'elle suscite.

Certaines habitudes changent. Le télétravail démontre ses bienfaits et son efficacité. Les visioconférences, qui se généralisent, peuvent considérablement réduire l'empreinte carbone et les déplacements des personnes. Une nouvelle économie moins polluante, davantage basée sur l'hédonisme et tournée vers des besoins nouveaux, va créer des opportunités et générer de nouvelles sources d'emploi, en particulier autour de la santé, de l'agriculture et du loisir. La civilisation de la voiture est derrière nous : les grandes métropoles proposent de nouvelles solutions de déplacement. Le covoiturage, le train, les transports en commun, les véhicules électriques, le vélo se développent et pourraient se généraliser.

Le respect des sols et des sous-sols au moyen de l'agriculture biologique, de la biodynamie ou de la permaculture suscite un éveil des consciences et une reconnexion au vrai goût des aliments, tout en améliorant leur durée de conservation. Les conseils prodigués par les nutritionnistes, les diététiciens et les praticiens de santé favorisent l'harmonie corporelle et facilitent une approche plus holistique. L'économie circulaire et la relocalisation doivent être encouragées, car elles sont économes en énergie, en eau et en matières premières.

Ce modèle durable nous fait prendre conscience des ressources limitées de la planète. Il est en opposition avec l'économie linéaire qui développe, fabrique, consomme et jette les produits. Cet archétype consumériste a montré ses limites et crée trop de déchets, y compris la pollution engendrée par les produits phytosanitaires, le rejet de plastiques dont plus de 10 % finissent dans les océans, et plus subtilement la création de besoins artificiels tels que la consommation de fruits en dehors de leur saison de production. Heureusement, les jeunes souhaitent mieux s'alimenter, redécouvrir le goût de la cuisine et accéder à des repas sains et plus équilibrés.

La singularité de l'être humain est symbolisée par sa capacité émotionnelle et sa volonté d'adaptation. Cette ouverture des cœurs engendre une espérance dans des circonstances difficiles. Quand nous arrêtons de réfléchir, d'analyser, et que nous nous laissons guider par notre être intérieur, alors le meilleur est souvent possible.

Plus profondément, le regard neuf des plus jeunes ouvre la porte à un projet de vie différent, rythmé par les saisons et reconnecté à la nature. C'est le terreau fertile, la garantie d'une évolution favorable aux prochaines générations et à l'harmonisation entre villes et campagnes. Un nouveau modèle d'exploitation extensif, plus résilient et plus durable, pourrait inciter les enseignes de grande distribution à renforcer les partenariats pluriannuels avec les producteurs. D'autres formes de distribution autour des lieux de vie, comme les marchés locaux, les enseignes spécialisées, les épiceries bios mais aussi les paniers quotidiens vendus en ligne, sont de nouveaux modèles d'approvisionnement accessibles et qualitatifs.

Il faut profiter de l'avantage que constitue ce moment très particulier de l'histoire du monde pour que chaque partenaire financier propose des conditions d'accès aux crédits bancaires non plus seulement basées sur un retour à court terme mais favorables à des projets structurants, durables et bénéfiques à l'équilibre de la planète. Des plates-formes de crowdfunding existent déjà : elles pourraient être accessibles à des projets d'ampleurs différentes afin que chacun ait sa chance.

L'aventure agricole s'inscrit dans le long terme comme une source de revenus certes aléatoire, mais garantissant dans la durée un retour sur investissement. Le capital investi se développe avec le temps, car la valorisation de l'outil de production s'accroît inexorablement. La différenciation, l'innovation, la créativité permettront une plus-value non négligeable. Cela passera par l'obtention de labels de qualité, une agriculture de précision, un élan vers la naturalité, et la diversité des produits, des graines ou des espèces. La polyculture lutte également contre l'appauvrissement des territoires, favorise l'harmonie des lieux et permet une meilleure pollinisation, essentielle pour notre vie.

La feuille de route fixée par certains gouvernements sur la transition écologique nécessite une amélioration dans plusieurs domaines : tout d'abord, les États doivent prendre conscience que, dans un esprit de réussite, il est temps de placer ce concept dans les priorités individuelles et collectives à l'échelle de la planète dans un effort commun de solidarité et de générosité. La prise de conscience de l'année 2020 crée les conditions de cette vision partagée et de cette feuille de route commune sur des principes clairement identifiés. Il ne peut y avoir de changement notoire sans un élan commun des vingt plus grands pays. Chacun doit participer à cette cause existentielle, car elle est belle, noble, utile et génératrice d'un monde meilleur et plus protecteur.

Ce nouveau paradigme est souhaité par les populations désireuses de vivre en harmonie avec la nature et garantissant les besoins essentiels de chaque individu. Les gouvernants ont l'obligation d'aller au-delà des intérêts particuliers et des mécanismes de domination et de pouvoir.

L'économie doit également se réinventer et permettre une adaptation sociale et environnementale, fondée sur la recherche, l'innovation, la généralisation d'une société neutre en carbone, mais aussi sur la coopération et un meilleur partage de la valeur ajoutée entre les filières. Une conception plus solidaire de l'économie permettra la relocalisation massive des produits essentiels à la vie en communauté et évitera par principe cette surenchère destructrice liée à des modèles productivistes, au mépris de la vie des sols et du respect des populations.

Le continent européen se trouve au carrefour de son destin. Cette idée engendrée en 1957 nécessite un second souffle à la hauteur de ce marché unique de cinq cents millions de personnes. Il pourrait représenter un modèle exemplaire de résilience, de création de richesses et de progrès pour l'humanité. L'économie verte, le respect de la biodiversité sont des concepts transfrontaliers nécessitant le recours à des financements européens. La capacité d'investissement de l'Europe est intacte, alors que les pays sont trop endettés pour répondre à cette exigence.

Toute vérité essentielle commence par être utopique. «Les problèmes du monde ne peuvent être résolus par les sceptiques ou les cyniques dont les horizons se limitent aux réalités évidentes. Nous avons besoin d'hommes capables d'imaginer ce qui n'a jamais existé», écrivait John Fitzgerald Kennedy.

Toute vérité essentielle commence par être utopique. « Les problèmes du monde ne peuvent être résolus par les sceptiques ou les cyniques dont les horizons se limitent aux réalités évidentes. Nous avons besoin d'hommes capables d'imaginer ce qui n'a jamais existé », écrivait John Fitzgerald Kennedy. Il est maintenant crucial d'être au rendez-vous de cette nouvelle ère pour engendrer le meilleur de chacun et garantir une croissance durable et une vie meilleure. La géopolitique, les intérêts partisans étriqués, les mécanismes de domination sont des outils d'un autre temps. Le monde a besoin de respecter les aspirations profondes des peuples et de leur culture mais aussi d'une interconnexion mondiale et des accords à long terme, centrés sur des principes forts et une feuille de route partagée aussi puissante et universelle que l'a été la Déclaration universelle des droits de l'homme le 10 décembre 1948. Dans les mois qui viennent, il faudra écrire une nouvelle charte éthique, solidaire, résiliente, durable, empathique et valorisante pour l'humanité.

L'homme est en position dominante par rapport à la nature et au monde vivant. Il est urgent et fondamental qu'il prenne conscience des problèmes inhérents en respectant l'ensemble de la faune et de la flore dans un cadre de vie plus respectueux et compatissant avec les plus faibles. Il en va de même pour les forêts, les mers et les paysages. Les équilibres subtils de la nature, la production d'oxygène et la captation du carbone par les arbres, la production de plancton par les océans – essentielle à la chaîne alimentaire –, la limitation des températures par la canopée sont autant d'écosystèmes en danger.

Si les dirigeants et les systèmes en place ne sont pas au rendez-vous de l'histoire, ils seront responsables du chaos, du retour à l'isolement, de la fin de l'Europe et des accords multilatéraux. Ils laisseront la place à un autre type d'organisation et de domination autour d'entreprises hégémoniques et sans frontières, qui pourraient avoir la possibilité de créer des dictatures numériques, déshumanisées et orientées au profit d'une rare minorité.

Les grands équilibres et les grands principes doivent être garantis à leur tour par les États, les institutions internationales et les citoyens, avec une obligation de transparence, un idéal de liberté et de fraternité, une biodiversité retrouvée et des conditions de vie meilleures, sans aucune discrimination liée à la couleur de peau, au sexe, à l'origine ou à la croyance, mais avec des cœurs ouverts, battant à l'unisson.

Soyons tous ensemble à la hauteur de cette exigence.

BE THE CHANGE.

ANNEXES

BIBLIOGRAPHIE

Rudolf Steiner, *Le Cours aux agriculteurs,* éditions Novalis, Montesson, 2003 (troisième édition).

Stéphane Cardinaux, *Géométries sacrées,* éditions Trajectoire, Escalquens, 2004.

Nicolas Joly, *Le Vin, du ciel à la terre : la viticulture en biodynamie,* éditions Libre et Solidaire, Paris, 2019.

Pr Vincent Castronovo, de l'université de Liège, *Le Microbiote intestinal au service de notre santé,* conférence, 29 septembre 2017, Youtube.

La Bible, Ancien et Nouveau Testament.

TABLE DES MATIÈRES

TABLE DES ILLUSTRATIONS

Direction éditoriale : Nicolas de Cointet
Couverture : Franklin Labbé
Maquette : Alexandra Roucheray
Portrait sur la bande : Photo © Ulrich Lebeuf
Correction : Pierre Rochelois
Imprimé et façonné par CPI Bussière en avril 2021
ISBN : 978-2-226-46166-7

Dépôt légal : premier semestre 2021
Éditions Albin Michel, 22 rue Huyghens, 75014 Paris
www.albin-michel.fr
Pour tout renseignement :
nicolas.decointet@albin-michel.fr
Facebook : Beaux-livres Albin Michel
Catalogue : bit.ly/extraits-beaux-livres

N° d'édition : 24499/01
N° d'impression : 2055775
Imprimé en France